MAURICE DELAFOSSE

ANCIEN GOUVERNEUR DES COLONIES
PROFESSEUR A L'ÉCOLE COLONIALE ET A L'ÉCOLE
DES LANGUES ORIENTALES

L'AME NÈGRE

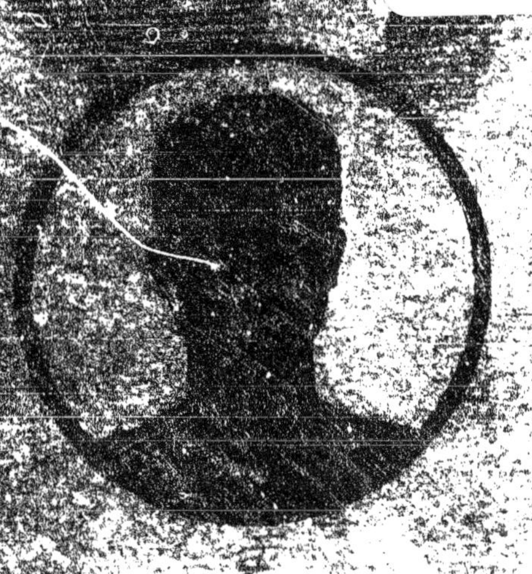

PAYOT, PARIS

L'AME NÈGRE

MAURICE DELAFOSSE

ANCIEN GOUVERNEUR DES COLONIES
PROFESSEUR A L'ÉCOLE COLONIALE ET A L'ÉCOLE
DES LANGUES ORIENTALES

L'AME NÈGRE

PAYOT & Cie, PARIS

106, BOULEVARD SAINT-GERMAIN

1922

Tous droits réservés.

INTRODUCTION

L'âme nègre n'est pas un sujet nouveau. Bien des gens, qui avaient approché les Noirs et avaient vécu à leur contact et qui pensaient avoir saisi sur le vif leurs concepts et leur mentalité, ont cherché à traduire leurs impressions et à faire profiter le public de leurs observations. Les uns ont employé la méthode scientifique, les autres ont préféré la voie du roman. Quelques-uns ont presque atteint la perfection, comme le regretté Dr Huot en ses études sur *L'âme noire* parues l'an dernier dans le *Mercure de France.*

Il en est peu, toutefois, qui aient réussi à donner une idée exacte de ce que pensent les Nègres, parce que la plupart ont traité la matière trop subjectivement et n'ont pas su se mettre, si j'ose employer cette comparaison, dans la peau de leur objet. Il n'est pas facile en effet de faire suffisamment abstraction de sa propre mentalité lorsqu'on étudie celle des autres et, à vouloir dépeindre les Noirs tels qu'ils sont, on risque de les représenter seulement comme on les voit, ce qui n'est pas toujours la même chose.

Il faut s'être assimilé par un long et subtil effort les procédés de raisonnement spéciaux aux hommes de race noire pour arriver, comme l'ethnographe anglais Dennett, à savoir à peu près exactement ce qu'il y a « au fond de l'esprit du Nègre » *(At the back of the Black Man's mind)*. Ou bien il faut être doué d'une sûreté de déduction et d'une puissance d'analyse peu communes pour parvenir, comme le philosophe français Lévy-Bruhl, à définir avec vérité et précision *Les fonctions mentales dans les sociétés inférieures* et *La mentalité primitive.*

Encore le livre de M. Dennett n'envisage-t-il qu'un côté de la question et ceux de M. Lévy-Bruhl, d'une portée beaucoup plus générale, traitent-ils de l'âme des primitifs ou des hommes réputés tels et non point spécialement de l'âme des Nègres, dont les uns, pour être encore relativement voisins de l'humanité primitive, sont tout au moins des primitifs d'une variété particulière et dont les autres sont des êtres singulièrement évolués, bien qu'ayant conservé les caractères propres à la mentalité de leur race.

Il m'a paru qu'au lieu de chercher à décrire l'âme des Nègres, il était plus simple et plus sûr aussi de leur laisser le soin de nous la dévoiler eux-mêmes.

Cette idée, au reste, ne m'est point personnelle. D'autres avant moi l'ont eue. Des voyageurs, des fonctionnaires, des colons, des officiers, des missionnaires surtout ont observé, au cours de leurs séjours dans l'Afrique tropicale, que les indigènes possèdent une littérature orale qu'ils se transmettent et qu'ils enrichissent de génération en génération et que cette littérature, éminemment populaire, reflète fidèlement les pensées et les sentiments émotifs dont elle est l'émanation naturelle et

spontanée. Ils ont estimé très justement
que rien n'était mieux en mesure de
nous livrer les secrets de l'âme nègre
que les contes, les fables, les maximes,
les chants dans lesquels cette âme
s'épanche et se manifeste tout entière.

C'est cette idée qui, notamment, a
inspiré un ancien missionnaire de la
Côte des Esclaves, l'abbé Pierre Bouche,
lorsqu'il a intitulé *Les Noirs peints par
eux-mêmes* un recueil de proverbes nago
accompagnés de leur traduction.

Depuis le baron Roger, qui, tout en
gouvernant le Sénégal avec prudence
et sagacité de 1819 à 1826, trouvait le
loisir de se faire conter des fables ouoloves et de les mettre en vers français,
la moisson récoltée du Sahara jusqu'au
Cap de Bonne-Espérance a atteint des
proportions considérables.

Cependant je ne sache pas qu'aucune
collection d'ensemble de réelle valeur
ait été publiée, en dehors de l'excellent
petit volume que M. René Basset a
fait paraître en 1903 sous le titre de
Contes populaires d'Afrique. Aussi bien,
cet ouvrage ne s'est-il point confiné

dans la littérature orale des Noirs et, tout en lui faisant une large place, il a englobé les productions de tous les peuples de l'Afrique, depuis l'Égypte ancienne jusqu'à Madagascar, en passant par les domaines berbère, kouchitique, sémitique et nègre.

Il existe un certain nombre d'autres recueils, mais chacun est spécial à une peuplade ou à une région déterminée de l'Afrique, comme celui de l'abbé Bouche mentionné plus haut. Souvent leurs auteurs ont eu en vue de réunir le plus de contes possible, sans se préoccuper de faire un choix. La plupart d'ailleurs offrent des adaptations plutôt que des traductions proprement dites. Ils suivent en général un ordre ne répondant pas à l'attente du lecteur que guide le souci de la curiosité psychologique plutôt que celui de la recherche ethnographique. La récente compilation publiée par M. Blaise Cendrars sous le nom d'*Anthologie nègre* présente un intérêt que je me garderais bien de méconnaître, mais certains lui reprochent d'être trop volumineuse.

A mon tour, et procédant d'autre manière, j'ai pensé rendre service à ceux qui s'intéressent aux Noirs de l'Afrique et cherchent à lire au fond de leur esprit et de leur cœur, en livrant au public les pages qui vont suivre.

Elles ne sont pas de moi : elles sont des Noirs africains eux-mêmes, et le seul mérite que je revendique est d'avoir tout fait pour qu'il en fût ainsi.

Tout d'abord, je me suis astreint à ne glaner que parmi des productions populaires dont chaque échantillon ait été recueilli dans sa forme originale, et dans la langue maternelle du conteur, par quelqu'un connaissant parfaitement cette langue. J'ai rejeté délibérément tout récit dont nous ne possédons que la version en un idiome européen.

Le texte de quelques-uns des morceaux rassemblés en ce volume n'avait pas été traduit encore. La plupart l'avaient été déjà, soit en français, soit en anglais ou en allemand ; mais, afin d'augmenter les garanties de véracité et d'exactitude, j'ai voulu m'en tenir exclusivement aux originaux en langue indigène et je me suis efforcé de donner de ceux-ci une traduction nouvelle et personnelle qui serre le texte d'aussi près que possible, sans craindre de m'écarter, quand cela m'a paru nécessaire, des versions antérieures. Lorsque le besoin d'être clair m'a obligé à introduire des mots qui n'ont pas leurs correspondants dans l'original, je les ai fait figurer entre crochets, dans l'intention de respecter scrupuleusement la pensée indigène.

D'autre part, j'ai laissé systématiquement de côté les contes visiblement inspirés par une influence étrangère et en particulier ceux qui ne sont que des sortes d'imitation ou d'adaptation de récits empruntés aux *Mille et une nuits* ou à d'autres sources d'origine orientale et qui sont assez répandus parmi les populations musulmanes du Soudan septentrional. J'ai tenu à demeurer dans les limites d'un domaine proprement nègre.

Sous cette réserve, j'ai puisé un peu partout, faisant appel au folklore de tous les principaux groupes ethniques du Soudan occidental et central, des Côtes de Guinée, de la Boucle du Niger et de l'Afrique orientale et sub-équatoriale. Ouolofs et Toucouleurs du Sénégal, Khassonké, Bambara, Malinké et Songoï du Soudan Français, Mossi de la Haute-Volta, Foula de la Guinée Française, Zerma, Haoussa et Kanouri du Territoire du Niger et de la Nigeria du Nord, Baguirmiens de la colonie du Tchad, Zandé de l'Oubangui-Chari et du Congo Belge, peuples de langue souahili de la Côte de l'Océan Indien, Bantou du bas Congo, Ibo et Koukouroukou de la Nigeria du Sud, Fon du Dahomey, Baoulé, Néyo et Dioula de la Côte d'Ivoire, Mendé, Boulom et Timné du Sierra-Leone, Diola de la Casamance sont représentés tour à tour, ainsi que des populations pastorales telles que celles des Peuls et des Massaï, qui, bien que ne paraissant se rattacher qu'en partie à la race noire par leurs origines lointaines, parlent des langues de la grande famille négro-africaine et ne peuvent actuellement en être dissociées.

L'AME NÈGRE

L'ensemble constitue donc bien une véritable émanation de l'âme nègre. Afin de mieux atteindre le but que je m'étais proposé, j'ai classé les différents morceaux, non pas selon leur nature littéraire ou suivant un ordre géographique ou ethnographique, mais d'après les matières dont ils traitent, ou plutôt d'après les sentiments ou les concepts qui les ont inspirés et qu'ils nous révèlent.

A la suite de chaque conte, fable, chanson, maxime ou proverbe, j'ai mentionné le peuple ou l'idiome auquel il appartient et le pays où il a été récolté ainsi que l'ouvrage dans lequel a été publié *le texte indigène*, avec l'indication des pages auxquelles on pourra trouver celui-ci. Afin qu'une même référence ne soit pas inutilement répétée à plusieurs reprises, chaque ouvrage est représenté par un numéro d'ordre en chiffres romains, et une liste bibliographique qui termine le volume donne, en regard de chaque numéro, le titre de l'ouvrage et le nom de son auteur.

Lorsqu'il s'agit d'un texte inédit,

j'ai indiqué par qui il m'avait été communiqué.

Les quelques explications qui précèdent m'ont paru nécessaires pour donner une idée précise de la tâche que je m'étais assignée et de la façon dont j'ai cherché à la remplir.

Maintenant, je passe la parole au véritable auteur, c'est-à-dire à l'homme noir du continent africain.

MAURICE DELAFOSSE.

Paris, le 15 Avril 1922.

CHAPITRE PREMIER

PIÉTÉ RELIGIEUSE

Invocation à la divinité.

Mon Dieu, accepte une poule, et toi, aide-moi, afin que je jouisse de la santé moi-même, ainsi que mes femmes et mes enfants et toute ma maisonnée ; et toi, aide-moi, afin que j'aie une récolte abondante. Moi, si j'ai la santé et la vie, [quand] arrivera l'an prochain, je reviendrai te donner une poule.

(Prière mossi, région de Ouagadougou ; XII, page 240).

Offrande aux mânes.

Je me suis procuré de l'eau, de la bière et des poules [pour] entrer à l'intérieur de la chapelle [mortuaire]. Mon Dieu, accepte l'eau, la bière, donne[-les] à mon père, afin que mon père me donne la santé et le bonheur et qu'il donne à mes femmes la santé et à mes enfants la santé. Mon Dieu, accepte la poule, donne[-la] à mon ancêtre, afin qu'il [la] mange avec tous ses gens.

> (Prière mossi, même région ; XII, page 241).

*
* *

Pour la santé d'un enfant.

Je suis allé chez le devin et le devin m'a dit de me procurer une poule blanche pour [que je la] donne à mon grand-père et à mes ancêtres, afin que mon enfant obtienne la santé. C'est pour cela que je me suis procuré une poule blanche et que je dis : mon Dieu, accepte cette poule pour [la] donner à mes ancêtres et à mes aïeux, pour [qu'ils] donnent la santé à mon enfant.

> (Prière mossi, même région ; XII, page 241).

L'AME NÈGRE

Obéissance aux esprits des ancêtres.

Un homme alla dans la brousse pour procéder à un défrichement. L'esprit de l'ancêtre [lui] dit : « Ne défriche pas [ce terrain]. » Il dit : « Je [le] défricherai. » [L'esprit dit] : « Si tu [le] défriches, tu ne mangeras pas le riz [qui y poussera]. »

Au lever du soleil, il prit une matchette. L'esprit de l'ancêtre lui dit : « Ne défriche pas. » Il dit : « Je défricherai. » [L'esprit lui dit] : « Si tu défriches, je dis que tu ne mangeras pas le riz qui poussera là. »

Il alla dans la brousse pour défricher et se mit à défricher.

Puis il prépara du feu, l'emporta, alla au champ, mit le feu aux [broussailles du] champ et les fit brûler.

Puis il prit une houe, alla chercher du riz, le prit et alla au champ, disant à sa femme et à son enfant : « Venez, allons semer le riz. » Ils [le] mirent en terre, retournèrent chez eux et dormirent. Le matin, ils allèrent à la plantation pour semer du riz [de nouveau]. Après qu'ils eurent semé le riz et qu'il eut poussé, ils allèrent au champ, fauchèrent le riz, [le] battirent et [le] mirent sur le séchoir.

Quand il fut sec, ils [le] prirent et [le] mirent dans un mortier. Après qu'ils [l']eurent mis dans le mortier, ils [le] pilèrent, [le] retirèrent du mortier, [le] mirent dans une marmite, [le] firent cuire, [le] retirèrent et [le] mangèrent tous les trois.

Dès qu'ils eurent mangé le riz, ils moururent, et l'ancêtre parla, disant : « Déjà auparavant j'avais parlé, disant que, si tu défrichais la brousse, tu mourrais, et voilà que maintenant tu es mort. »

[Cela veut] dire que, [si] quelqu'un de la sorte te parle et te dit : « Ne fais pas cela » et que tu [le] fasses, tu mourras, qui que tu sois. [Si] l'ancêtre te dit : « Ne fais pas cela », ne le fais pas.

(Conte mendé, sud-est du Sierra-Leone ; XXI, pages 203-205).

***

La peur sacrée des esprits de la brousse.

Il y avait autrefois deux frères de même sein qui habitaient dans le village de leur père. Ils grandirent, furent circoncis et devinrent des jeunes hommes. Un jour, leur père leur donna un taureau et leur dit : « Allez, égorgez[-le]. » Ils se consultèrent et se dirent : « Nous ne pouvons pas égorger le taureau que nous a donné notre père en un lieu où il y ait un être humain, ou un quadrupède, ou un oiseau, ou un insecte [1]. Allons chercher un lieu où il n'y ait pas être qui vive. »

Ils prirent [leurs] lances, et [leurs] massues, et [leurs] sabres et [leurs] boucliers, et ils partirent à la recherche d'un lieu où il n'y eût pas être qui vécût. Ils n'en avaient point trouvé encore, lorsque, cinq mois s'étant écoulés, ils atteignirent une très grande forêt. Y ayant pénétré, ils virent qu'il n'y avait là ni être humain, ni quadrupède, ni oiseau, ni insecte.

Au bout de quelques jours, l'aîné des jeunes hommes dit à [son] frère : « Égorgeons notre taureau en ce lieu. » Ils bâtirent une hutte à viande [2] et égorgèrent leur taureau.

1. Par crainte d'être obligés de partager la viande avec des hommes ou d'en laisser manger une partie par des bêtes.

2. *Ol-poul* en langue massaï : dans toute l'Afrique noire, les chasseurs qui ont tué une grosse pièce de

Quand ils eurent fini de [l']égorger, l'aîné donna au cadet l'estomac du taureau et lui dit : « Va puiser de l'eau. »

Le cadet alla à la rivière et il se disposait à puiser de l'eau lorsqu'il entendit l'eau dire : « Oh ! il m'a puisée ! oh ! il m'a puisée ! » Il eut peur d'en puiser et s'enfuit. Tandis qu'il courait, il entendait la forêt rire. Étant revenu à la hutte à viande, il dit à [son] frère : « Je me disposais à puiser de l'eau, lorsque l'eau m'a interpellé [en disant] : oh ! il m'a puisée ! oh ! il m'a puisée ! Alors, je me suis mis à courir et la forêt a ri. » [Son] frère lui dit : « Lance au loin les crachats rituels [1], car tu es pris par la peur. »

Puis il prit l'estomac et alla à la rivière. L'eau dit : « Oh ! il m'a puisée ! oh ! il m'a puisée ! » Il lui dit : « Oui, c'est à bon escient que je te puise. » Et, ayant puisé de l'eau, il s'en revint à la hutte à viande et dit à [son] frère : « Va casser du bois [pour faire du feu]. »

gibier construisent sur place une sorte de hangar où ils dépècent la bête et font sécher ou griller ou fumer sa chair, qu'ils vont ensuite vendre dans les villages.

1. *Amoulak* en massaï : il s'agit d'un rite destiné à détourner le mauvais sort ou les influences malignes des esprits.

Le cadet partit pour casser du bois. Comme il saisissait une branche pour la casser, le bois dit : « Oh! il m'a cassé! oh! il m'a cassé! » Il eut peur et s'enfuit. Arrivé à la hutte à viande, il dit à [son] frère : « Le bois m'a interpellé. » L'aîné lui dit : « Lance au loin les crachats rituels, car tu es pris par la peur. »

Puis il prit [son] sabre et alla casser du bois. Le bois dit : « Oh! il m'a cassé! oh! il m'a cassé! » Il lui dit : « Oui, c'est à bon escient que je te casse. » Il emporta [le bois qu'il avait cassé] et s'en revint à la hutte à viande. Ensuite il dit à [son] frère : « Va couper des piquets [pour servir de broches]. »

Le cadet partit. Comme il se disposait à couper des piquets, les piquets dirent : « Oh! il nous a coupés! oh! il nous a coupés! » Il s'enfuit et s'en revint à la hutte à viande pour raconter [la chose à son] frère. L'aîné lui dit : « Lance au loin les crachats rituels, car tu es pris par la peur. » Puis il alla couper des piquets. Les piquets dirent : « Oh! il nous a coupés! oh! il nous a coupés! » Il leur dit : « Oui, c'est à bon escient que je le fais. » Il en coupa et les porta à la hutte à viande.

Les jeunes hommes s'assirent, firent griller la viande, mangèrent et dormirent. Un génie arriva pendant la nuit, renversa le feu et dormit lui-même à cette place ; [son] œil brillait et était semblable à du feu. L'aîné, s'étant éveillé, réveilla le cadet et lui dit : « Allume le feu. » Le cadet, [allant] au génie, [lui] saisit l'œil, [croyant que c'était un morceau de braise]. Le génie l'engloutit et disparut. L'aîné des jeunes hommes lui dit : « Va, je viendrai te chercher demain. »

Lorsqu'il fit jour, il partit à la recherche [du génie] et l'aperçut, qui avait neuf têtes et un doigt de pied très gros. Le génie lui dit : « Passe [ton chemin], je ne veux pas me battre avec toi, car tu es [trop] fort. » Le jeune homme refusa [de s'en aller] et lui dit : « Battons-nous ensemble. » Ils se battirent. Le génie s'élança sur lui et lui donna un coup de doigt [de pied], mais ne frappa que le bouclier. Alors le jeune homme coupa l'une des têtes du génie. Le génie s'enfuit. Le jeune homme lui dit : « Je reviendrai [demain] matin. » Puis il retourna à la hutte à viande et dormit.

Lorsqu'il fit jour, il partit à la poursuite du génie et le rencontra. Ils se battirent. Le jeune homme [lui] coupa une autre tête et le génie s'enfuit. Le jeune homme lui dit : « Je reviendrai [demain] matin et te vaincrai complètement. »

Le matin, il partit à la poursuite du génie, le rencontra, vit qu'il était malade d'avoir deux têtes coupées et le tua. Lorsqu'il eut fini de le tuer, il [lui] coupa [son] doigt de pied, d'où sortirent des bêtes de toutes sortes et d'où sortit ensuite le cadet des [deux] jeunes hommes.

Les deux [frères] retournèrent à la hutte à viande. Après qu'ils [y] furent restés trois jours, le cadet dit à l'aîné : « Emmène-moi à notre village, car j'ai peur. » Et ils partirent.

(Conte massaï du Kénia, Afrique Orientale ; XVIII, pages 108-115).

CHAPITRE II

PIÉTÉ FAMILIALE

Un père a toujours raison.

Un jeune garçon allait tout le temps dans la brousse les mains complètement vides. Son père lui dit : « Mon enfant, cesse d'aller dans la brousse les mains complètement vides, sans même avoir sur toi la moindre aiguille. »

Il n'écouta pas la parole de son père. Un jour, il partit de nouveau et se rencontra avec des brigands. Ils se saisirent de lui. Le jeune garçon dit : « Mon père me l'avait dit ; si seulement une aiguille était dans ma main aujourd'hui, vous n'auriez pas réussi à vous saisir de moi. » Un brigand dit : « Tu fais erreur, voici une aiguille. » Le jeune garçon examina la pointe de l'aiguille et dit : « Cette aiguille est cassée. » Le brigand dit : « Où [l']est-elle ? » Le jeune garçon [,sous prétexte de lui faire examiner la pointe,] la lui enfonça dans l'œil. Le brigand jeta son fusil, disant : « Aïe ! mon œil est crevé ! » Le jeune garçon prit le fusil et tira sur un [autre brigand], qui tomba. Les brigands s'enfuirent, le jeune garçon fut sauvé.

Il [re]vint [chez lui] en disant : « Papa ! » Il dit [ensuite] : « Un enfant assure son bonheur en écoutant la parole de son père. » Il dit [encore] : « Des brigands s'étaient saisis de moi aujourd'hui, c'est une aiguille qui m'a sauvé. »

(Conte khassonké de la région de Kayes ; XXII, page 480).

* * *

Le sentiment de la famille.

Un jour, un papillon si beau qu'il n'avait pas d'égal volait parmi les fleurs. Une misérable chenille rampait au pied des fleurs. Le paillon dit : « C'est une chenille ? » Elle dit : « Oui. »

[Le papillon lui dit] : « Pourquoi quelqu'un de sale comme toi passe-t-il sur mon chemin ? fi ! enfant du péché ! Pour ce qui est de moi, vois comme je suis beau ! Vraiment, Dieu ne nous a pas donné la même mère ! Moi, je vole dans le ciel ; toi, tu ne connais que la terre. »

La chenille lui dit : « Papillon, ne te vante pas ainsi. Toute ta dorure ne peut te permettre de m'injurier : nous sommes parents de même lignage ; si tu as honte de moi, tu as honte de ta mère : le papillon enfante la chenille, la chenille enfante le papillon. »

Ici la fable marche [et] tombe dans la mer.

(Fable ouolove du bas Sénégal ; II, pages 400-401).

*
* *

Suivez les conseils de votre père.

Un vieillard était sur le point de mourir. Il réunit ses trois enfants [et leur dit] : « Tout mon bien est dans ces trois sacs que voici. » Après cela, il leur en donna un à chacun et il leur dit : « Surtout, il faut que vous ne les ouvriez pas avant que je sois mort. »

Le chef [de famille] mort, ils convinrent d'ouvrir les sacs qui leur avaient été donnés. L'aîné trouva dans le sien de la terre, le cadet trouva dans le sien des cauries [1], le troisième trouva dans le sien de l'or.

Chacun des deux [premiers] dit : « Le bien de mon père est l'or que voici, c'est à nous trois en commun qu'appartient l'or. — Qu'est-ce que c'est ? dit le plus jeune. Au moment même de mourir, mon père [nous] a donné ce qui revenait à chacun de nous de sa succession ; je suis tombé sur l'or, c'est ma part. »

L'aîné ne put réussir à les accorder. Ils allèrent trouver un marabout qui était très connu pour ses talents de conciliation. Le marabout leur offrit l'hospitalité et chargea sa cuisinière de leur faire cuire un *foutou* [2] avec la viande d'un bouc qui appartenait à un de ses esclaves. Quand ils furent assis en rond auprès des écuelles odorantes, les trois frères consanguins n'y touchèrent pas. L'aîné dit : « Pour ce qui est de moi, je ne mangerai pas ce mets : c'est avec de la

1. Petits coquillages servant de menue monnaie.
2. Plat consistant en une sorte de ragoût de viande ou de poisson, à sauce épicée, accompagné d'une pâte de farine ou de céréales tenant lieu de pain.

viande de chien qu'il a été préparé, ce n'est pas avec de la viande de bouc. » Le cadet dit : « Quant à moi, je n'y toucherai pas, attendu que la jeune cuisinière qui l'a fait cuire est dans les douleurs de l'enfantement. » Le plus jeune dit : « Pour ce qui est de moi-même, je ne toucherai pas à un mets [cuit] dans la marmite d'un bâtard [1]. »

Le marabout était un homme très rusé : il les avait écoutés de la porte. Il partit, étonné de ce qu'avaient dit ses hôtes.

Il fit appeler sa mère dans sa hutte. Quand celle-ci fut bien fermée et qu'il se fut assuré qu'il n'y avait qu'eux [deux, il dit] : « Je te prie de me dire s'il se trouve que celui qui passe au dire du monde pour être mon père est bien celui qui m'a engendré. » La mère lui dit : « Mon enfant, j'étais restée sans avoir de progéniture, lorsqu'un génie m'apparut qui me dit : Accepte la chose, un fils remarquable sortira de toi. Je pensai en moi-même que mon mari ne serait pas le père de cet enfant, attendu 'qu'il était

1. Allusion aux interdictions d'ordre magico-religieux auxquelles étaient soumis les trois frères : le premier ne devait pas manger de la chair de chien, ni le second d'un plat préparé par une femme enceinte, ni le troisième d'aliments offerts par un bâtard.

un homme impuissant, [et] je me suis unie
à l'un de ses esclaves. »

Le marabout appela celui de ses esclaves
dont il avait pris le bouc et lui dit : « Es-tu
bien exactement sûr que c'est un bouc que
tu m'as donné, et non un chien ? » L'esclave
dit : « Mon père, voici ce qui est au fond de
l'affaire du bouc que je t'ai donné : l'une de
mes chiennes et l'une de mes chèvres ont mis
bas durant une nuit l'une auprès de l'autre ;
la mère chèvre, dès qu'elle eut accouché
de son chevreau, mourut ; le petit de cette
chèvre téta la chienne pour se nourrir :
c'est lui le bouc que je t'ai donné. »

Le marabout appela sa jeune cuisinière
et lui dit : « Est-ce vrai que tu es réellement
dans l'attente d'un accouchement ? » La
jeune cuisinière dit : « C'est vrai que je suis
prise d'un retour des douleurs de l'enfantement. »

Le marabout revint sur ses pas et alla
trouver les trois frères consanguins. [Le
plus jeune de] ceux-ci lui dit : « Nous sommes venus chez toi [parce que] nous n'avons
pas réussi à nous accorder sur le partage
de la succession de mon père. Mon père,
avant de mourir, a donné à chacun de ses

enfants un sac dont l'ouverture était fermée. Il nous a dit que nous ne devions pas les ouvrir tant qu'il ne serait pas mort. Nous avons agi de cette façon. L'aîné de mon aîné a trouvé de la terre dans son sac ; mon aîné que voici a trouvé le sien plein de cauries ; moi, j'ai trouvé le mien plein d'or. Mes aînés disent que cet or est à nous trois, qu'il n'est pas à moi seul ; de mon côté, je dis que c'est dans mon sac que mon père avait mis l'or et que c'est uniquement à moi seul qu'il l'a donné. Toi, dis en bonne vérité (quelle a été) en ceci l'intention de notre père. »

Le marabout dit : « Mes enfants, voici ce que votre père voulait dire. Toi, l'aîné, à qui il a donné de la terre, il désirait que tu te fisses cultivateur ; toi, à qui il a donné un sac de cauries, il t'a engagé à faire du commerce ; pour ce qui est de toi, mon enfant, il t'a donné cet or [parce qu']il savait que tu deviendrais un guerrier [1]. »

Enfants, qui que vous soyez, suivez les conseils que vous a donnés votre père, car

---

1. Soit parce qu'il faut de l'or pour lever des armées et conduire des expéditions, soit parce que le but de la guerre est souvent de ramasser du butin.

chacun de vous [y] trouvera dans la vie un agréable profit.

(Conte khassonké de la région de Kayes ; XXII, pages 488-490.)

CHAPITRE III

FIDÉLITÉ AUX TRADITIONS

Il convient de conserver dans un pays les choses d'autrefois.

> (Dicton ouolof du bas Sénégal ; II, page 373).

*
* *

Un morceau de bois a beau rester dix ans dans l'eau, il ne deviendra certes pas un crocodile.

C'est avec la bûche de bois que l'on est allé chercher étant enfant que l'on se chauffera [une fois] devenu vieux.

> (Proverbes bambara de la région de Bamako ; XXXIII, 2e partie).

*
* *

Ce que la vache a mangé, c'est cela que tettera la génisse.

> (Proverbe toucouleur du Foûta Sénégalais ; XV, page 314).

L'AME NÈGRE

*
* *

Lorsqu'une sauterelle d'asclépias [1] a été posée sur un dattier, elle vivra aux dépens de son asclépias.

(Proverbe peul du Baguirmi ; XIII, page 35).

*
* *

Le zèbre ne se défait pas de ses zébrures.
L'écorce d'un arbre n'adhère pas à un autre arbre.

(Proverbes massaï du Kénia ; XVIII, page 247).

*
* *

La feuille que la chèvre a mangée, le chevreau aussi la mangera.
Le coin du feu est le logis du chien.
Le milan [2] [du village] d'Ezalo attrape

1. Variété d'arbuste très commune dans le Soudan septentrional.
2. Oiseau de proie, très commun en Afrique, appelé vulgairement « mange-poulets ».

la poule d'Ezalo et va [se percher] sur le fromager [1] d'Ezalo.

La blessure disparaît, la cicatrice ne disparaît pas.

Faites penser un rat à ses dents : il mord.

(Proverbes ibo du bas Niger ; XXX, pages 9, 14, 15 et 30).

3. Grand arbre très répandu aux abords des villages (Bombax anfractuosum).

CHAPITRE IV

PATRIOTISME

De quoi est fait le sentiment de la patrie.

Ce que regarde au loin le laboureur quand il se redresse, c'est le village. Ce n'est pas le désir de manger qui est cause de cela, c'est tout le passé qui l'attire de ce côté.

(Pensée toucouleure du Foûta Sénégalais ; XV, page 305).

* *
*

La défense du sol natal contre l'étranger.

[A] Djibo [1] [est] un étang : [celui qui y] apporte le bien s'abreuve [et] se baigne ; [celui qui y] apporte le mal s'abreuve de sang.

Il a été entouré de coursiers. Dieu monte la garde [du soir] jusqu'au matin, les lances

1. Localité du Djilgodi, dans le nord de la colonie de la Haute-Volta ; près de Djibo est un étang sur les rives duquel les Peuls du pays soutinrent, vers 1890, une attaque des Mossi de Ouagadougou.

montent la garde [du matin] jusqu'au soir.

Sur ses rives sont étendues des entrailles, sur ses rives ne sont plus étendus les pagnes des femmes. L'étang a été entouré de taches [de sang].

Des lances mauvaises [sont] dans l'étang; il y a des armes dans l'étang. Il est couvert de têtes de morts, il n'est plus couvert de nénuphars.

Boukari Koutou [1] l'a entouré, il l'a entouré de milliers de coursiers; les pirogues se sont remplies de fusils.

Que quiconque est venu chercher querelle s'en aille et laisse les petits oiseaux de l'étang dans l'étang.

Va-t-en, va-t-en [2], gros fils des Mossi! Nous ne sommes pas habitués à [votre] « va-t-en! va-t-en! », c'est à [notre] «sois le bienvenu!» que nous sommes habitués.

(Chant peul du Djilgodi, recueilli par le capitaine Figaret; X, page 383).

1. Nom du roi mossi dont les guerriers avaient attaqué les Peuls de Djibo.

2. Ces mots « va-t-en, va-t-en » sont en langue mossi dans le texte; c'est une allusion aux paroles prononcées par Boukari Koutou et ses guerriers, lorsqu'ils voulaient chasser les Peuls de leur pays.

CHAPITRE V

OBÉISSANCE A L'AUTORITÉ

Il est bon d'avoir un maître.

Voici ce qui est arrivé ici ; cela arrivera [ou] n'arrivera pas [de nouveau] : c'est un conte.

Il est arrivé ici qu'un *koba* [1] ne faisait qu'aller dans la brousse, jusqu'à ce qu'il fut un moment [où] il trouva un cheval qui paissait. Il lui dit : « Esclave de Dieu, toi, qu'est-ce qui fait que tu n'es [jamais] qu'au village ? » Le cheval lui dit : « Quant à moi, ce qui m'y fait [rester], c'est le fait d'avoir un maître. » Le *koba* dit : « Sois privé de la faveur divine ! toi, tu es [un être] inférieur, tu es un chien ! Toi, comment as-tu été réduit à une pareille situation, avec ta force, jusqu'à accepter d'être la chose d'un maître ? » Le cheval

1. Antilope-cheval (Adenota kob).

lui dit : « Cela n'est pas mauvais, le fait d'avoir un maître est bon, il n'y a rien qui soit mauvais [là] dedans. » Le *koba* lui dit : « Toi, certes, tu n'es qu'un [être] inférieur » [et] il fila.

Il se trouva qu'il avait soif ; il vint à un étang. A peine s'était-il baissé, se disposant à boire, qu'un chasseur mit la main [à son fusil] et lui dit : « Coup de fusil, poum ! » Il mourut ou [du moins] fut mis à mal et revint, traînant ses pattes, à côté du cheval, qui était [encore] là où il était auparavant.

Le cheval lui dit : « Eh bien, est-ce là l'oncle *koba* ? » Le *koba* lui dit : « Hélas ! » Le cheval lui dit : « Avec quoi étais-tu parti ? » Le *koba* lui dit : « J'étais parti avec quatre pattes .» Le cheval lui dit : « Avec quoi reviens-tu ? » Le *koba* lui dit : « Avec deux pattes. »

Le cheval dit : « Tout ce que je t'avais expliqué, tu as refusé [de le croire, et pourtant] comment [les choses ont-elles] tourné? Le fait d'avoir un maître est préférable à tout : en effet, s'il s'était trouvé aujourd'hui que tu eusses un maître, tu [y] aurais gagné, lorsque quelqu'un t'a tiré un coup de fusil et t'a cassé deux pattes, qu'il eût eu à qui parler. Si tu nies cela, regarde-moi : même si je passais la nuit dans la brousse, en dehors de celui qui voudrait me voler, personne ne [me] tirerait un coup de fusil, et celui qui voudrait me tirer un coup de fusil, [sachant qu'il] trouverait à qui parler, s'enfuirait. »

(Apologue toucouleur du Foûta Sénégalais ; XV, page 232).

*
* *

Reconnaissance envers le prince.

Fils du roi Bilbaô le Grand, salut !
Ce lieu est bon [grâce à toi] : merci !
Que le Ciel te rende riche ! que Dieu accroisse ton bien !
Que Dieu blanchisse ta tête [et la rende] toute blanche !

(Chant mossi, région de Ouagadougou ; XII, pages 220-221).

* *

Flatterie et loyalisme.

Décernez la louange à l'Européen, décernez la louange au Français ! Ah ! ah ! décernez une louange de gouverneur au Français [1].

Escortez-le, escortez l'Européen. Un [simple] être humain n'est pas à la hauteur d'un noble. Eh ! eh ! un python, même affamé, n'avale pas un porc-épic.

Je veux aller avec les gens de l'entourage de votre Européen, administrateur, afin que votre puissance ne m'abandonne pas. Que votre Européen se porte bien, ô Européens du poste !

Ne le laissez pas tant qu'il ne sera pas ennuyé [2] : le contact de toute foule humaine est agréable. Lorsque l'Européen sera arrivé, ne le laissez pas tant qu'il ne

1. Il s'agit du gouverneur de la Guinée Française, en l'honneur de qui ce chant fut composé, lors d'une visite qu'il fit au poste de Kankan.

2. C'est-à-dire : ne cessez d'escorter le gouverneur et de chanter ses louanges que lorsqu'il en aura assez.

sera pas ennuyé : le contact de toute foule humaine est agréable.

Celui qui dira qu'il n'obéira pas aux Européens, que l'administrateur même le punisse cent et six [fois].

L'Européen est arrivé, le porteur de broderies de gouverneur est arrivé ; tous, réjouissez-vous !

> (Chant malinké du haut Niger ; texte inédit recueilli et communiqué par l'administrateur Humblot).

*
* *

Que le roi ait raison ou qu'il ait tort, il a toujours raison.

Ce qui se dit sur le cadavre du lion ne se dit pas en présence du lion vivant.

> (Dictons bambara de la région de Bamako ; XXXIII, 2e partie).

*
* *

Celui qui est envoyé en mission n'est pas au-dessus de celui qui l'envoie.

L'AME NÈGRE

La houe va à la terre, la terre ne va pas à la houe.

[Le pouce dit :] je suis la tête de la main ; la tête de la main manque-t-elle à la main, la main devient un monstre.

(Proverbes ibo du bas Niger ; XXX, pages 8 et 36).

*
* *

L'ami d'un roi est roi.

(Dicton haoussa de la région de Kano ; V, page 7).

———

CHAPITRE VI

ESPRIT SATIRIQUE

Contre les mauvais riches.

Un mendiant, s'arrêtant à la porte d'une maison, dit : « Une petite chose, pour [l'amour de] notre Seigneur ? » On lui dit : « Que notre Seigneur donne à nous et à toi ! » Il dit : « Donnez-moi une tranche de pain ! » On [lui] dit : « Nous n'en avons pas. » Il dit : « Un peu de blé ou un peu de haricots ? » On [lui] dit : « Nous n'en avons pas. » Il dit : « Un peu de beurre fondu ou de beurre frais, ou une tranche de fromage, ou du lait ? » On [lui] dit : « Nous n'en avons pas. » Il dit : « Un peu d'eau ? » On lui dit : « Il n'y a même pas d'eau chez nous. »

Il leur dit : « Pourquoi restez-vous ici ? levez-vous et mendiez, car vous avez plus de raisons que moi d'aller demander qu'on vous fasse l'aumône. »

(Apologue songoï de Tombouctou ; XVII, pages 68-69).

***

Contre la fainéantise des marabouts.

Un Peul, un forgeron et un marabout voyageaient tous les trois ensemble. Ils arrivèrent au bord d'une rivière. L'eau avait crû dans la rivière et l'avait remplie, il n'y avait pas de pont, personne ne pourrait franchir la rivière.

Le Peul dit : « Prenons patience ici jusqu'à ce que la rivière soit tarie ; le jour où la rivière sera tarie, nous la traverserons sans difficulté. » Aussitôt, il alla chercher [un endroit avec] de belle herbe pour faire manger ses moutons.

Le marabout dit : « Dieu est grand ! nous sommes tous dans la main de Dieu ; le jour où il nous donnera le passage de la rivière, nous le recevrons de sa main. » Cela dit, il étendit sa peau de mouton par terre, s'assit dessus, fit [sa] prière et dit [son] chapelet.

Quant au forgeron, il ne dit rien. Il alla dans la forêt, tira son couteau, coupa des branches d'arbre, arracha des lianes et les coupa, prit tout cela et l'apporta au bord de la rivière. Il monta sur un grand arbre qui était en deçà de la rivière, y attacha soigneusement une liane et lança une autre liane au delà de la rivière après (en] avoir entouré solidement un autre arbre. Cela fait, il attacha de nombreuses traverses aux deux lianes, fit [ainsi] un beau pont et le termina. Ce pont terminé, il passa dessus et franchit la rivière.

Le Peul était dans un lieu éloigné avec ses moutons ; il ne vit rien et ne sut pas que le forgeron avait franchi la rivière.

Quant au marabout, qui était assis au bord de la rivière, il le vit et dit : « Dieu soit béni ! moi aussi, je vais franchir la rivière ! » Le forgeron lui dit : « Ne passe pas sur mon pont, il n'est pas à toi. Toi, reste assis à faire [ta] prière et à implorer Dieu pour qu'il te donne un autre pont ! » En même temps, il tira son couteau, coupa les lianes du pont, jeta le tout dans l'eau et s'en alla.

(Conte dioula de la région de Kong; texte inédit recueilli par l'auteur.)

*
* *

Contre les faux savants.

Dieu est grand ! Dieu est grand !
Qu'un petit grain de riz soit donné au marabout.
Que le marabout soit laissé à [sa] lecture :
La lecture laisse la marmite vide,
Qu'un petit grain de mil soit donné au marabout.
Que le marabout soit laissé à [sa] lecture :
La lecture laisse la marmite vide.
La lecture ? ah ! ah !
Le marabout ne sait pas lire,
[Mais] il a Dieu dans sa manche.

(Chanson malinké de Kita ; VII, page 69).

L'AME NÈGRE

*
* *

Contre les bâtisseurs de plans chimériques.

Il y avait dans un pays un savant. Le fils du chef l'aimait beaucoup ; tous les jours, il [lui] donnait de la viande, du beurre fondu et du mil. Le savant faisait cuire le mil avec la viande pour [les] manger, [mais]il conservait le beurre dans un pot, [car] le beurre était rare dans le pays. Il suspendait le pot en l'air afin que personne n'y touchât.

Un jour, il était couché sur sa couverture sans dormir et regardait le pot. Il dit : « Cette chose est bonne : elle va me rendre riche. Dans un jour, le pot sera plein. Je vendrai le beurre, j'achèterai des poules, elles feront des œufs, ceux-ci écloront, j'aurai beaucoup de poules ; je [les] vendrai, je gagnerai une grosse fortune en cauries, j'achèterai une chèvre qui aura du lait, je ferai du beurre, j'[en] ferai commerce. La chèvre fera des petits, j'aurai un troupeau ; je vendrai la moitié du troupeau de chèvres, j'achèterai une vache, j'achèterai un cheval ; j'achèterai un esclave, j'achèterai une esclave ; ils feront de la culture, ils feront un bel enclos, ils me feront de beaux vêtements. Alors j'épouserai une femme dont le père sera riche plus que tout le monde. [Quand] la dixième lune arrivera, elle m'enfantera un enfant ; l'enfant sera un garçon ; je le soignerai pour qu'il soit beau ; il me fera honneur, il sera très intelligent, il sera joli ; s'il fait ce que je désire, je [lui] donnerai tout ce qu'il désirera ; mais s'il ne [le] fait pas, je le frapperai avec ce bâton. »

En disant cela, le savant saisit son bâton, qui était à côté de sa couverture, et frappa l'air ; le bâton alla porter sur le pot, le pot se brisa, le beurre fondu coula sur sa face.

(Conte zerma de la région de Niamey ; XVII, pages 84-86).

*
* *

Le pauvre qui a gagné un sou imagine un compte sur la route [, se figurant qu'il en a beaucoup à dépenser].

(Proverbe kongo du bas Congo ; XXVI, page 220).

L'AME NÈGRE

*
* *

Le roi peut dire que les tambours qui ont fini de battre ne battent plus, mais, par Dieu ! ne peut pas ordonner que les tambours qui ont fini de battre résonnent encore.

(Dicton toucouleur du Foûta Sénégalais ; XV, page 303).

*
* *

Quelle que soit la force de quelqu'un en équitation, il ne doit pas dire pourtant qu'il s'asseoira sur le nez [d'un cheval].

(Dicton bambara de la région de Bamako ; XXXIII, 2e partie).

*
* *

Si un homme puissant vient à passer, prenez le large dès que vous le voyez.

(Dicton kanouri du Bornou ; XI, page 145).

CHAPITRE VII

LE TRIOMPHE DE LA RUSE SUR LA FORCE

Comment le lièvre vint à bout de l'éléphant.

Il y avait autrefois un lièvre qui se trouvait près d'une rivière. Il aperçut un jour des éléphants qui allaient au village de leurs beaux-parents. Il dit au plus gros, qui portait une outre de miel [sur son dos] : « Père, fais-moi passer l'eau, car je suis faible. » L'éléphant lui dit : « Viens, mets-toi sur mon dos. » Le lièvre s'[y] plaça et ils partirent.

Tandis qu'on le faisait passer, le lièvre mangea le miel de l'éléphant, mais les éléphants ne savaient pas qu'il le mangeait. Tandis qu'il le mangeait, il laissa couler des gouttes de miel sur l'éléphant. L'éléphant dit : « Qu'est-ce qui me coule dessus ? » Le lièvre dit : « Les larmes du faible enfant. »

Lorsqu'ils eurent atteint l'autre rive, le lièvre leur dit : « Donnez-moi des pierres, que je les lance sur des oiseaux. » On lui en donna. Le lièvre introduisit les pierres dans l'outre à miel. Quand il eut fini, il leur dit : « Faites-moi descendre. » On le fit descendre et il leur dit : « Merci donc ! allez. »

Ils marchèrent jusqu'à ce qu'ils eussent atteint le village du beau-père du gros éléphant. Alors ils s'arrêtèrent, ouvrirent l'outre à miel, regardèrent dedans et n'y trouvèrent que des pierres. Ils s'élancèrent et allèrent en courant à la recherche du lièvre, qu'ils aperçurent en train de manger. Dès que le lièvre les eut aperçus, il se glissa dans un trou. Les porteurs de trompe le suivirent et le plus gros, introduisant sa trompe dans le trou, saisit une patte du lièvre. Le lièvre lui dit : « Je dis, moi, que tu as saisi une racine. » L'éléphant lâcha la patte, [croyant que c'était une racine,] et saisit [effectivement] une racine, [croyant que c'était une patte du lièvre]. Le lièvre lui dit : « Tu m'as brisé ! tu m'as brisé ! » Le porteur de trompe tirait fort ; il tira jusqu'à se fatiguer. Tandis qu'il tirait, le lièvre s'échappa. L'éléphant courut après [lui].

Le lièvre, en fuyant, rencontra des babouins et [leur] dit : « Mâles, sauvez-moi ! » Les babouins lui dirent : « Qu'est-ce qui te poursuit ? » Le lièvre dit : « Le gros homme gras ; le voici, il me suit. » Les babouins dirent : « Va t'asseoir, et laisse-nous le voir venir, car nous ne te livrerons pas. » Le lièvre se jeta dans un gîte et les babouins s'assirent, attendant l'éléphant.

L'éléphant arriva et dit : « Amis, avez-vous vu un lièvre qui a passé par ici ? » Les babouins dirent : « Que nous donneras-tu si nous te faisons savoir [où] il [est] ? » L'éléphant dit : « Je vous donnerai la chose que vous désirerez. » Les babouins lui dirent : « Nous ne désirons pas autre chose que ton sang ; nous voudrions que tu le verses dans une petite gourde [1]. » L'élé-phant dit : « Cette petite petite ? venez et saignez-moi. »

Les babouins se mirent à le saigner et le saignèrent abondamment. L'éléphant

---

1. Allusion à la coutume qu'ont les Massaï, très friands de sang chaud, de pratiquer des saignées sur leurs bœufs, dont ils recueillent le sang dans des gourdes pour le boire aussitôt après.

dit : « N'est-elle pas encore pleine ? »
Les babouins dirent à l'éléphant : « N'as-
tu déjà plus de courage ? n'es-tu pas capable
de [remplir] cette petite gourde ? » L'éléphant regarda et s'aperçut qu'elle n'était
pas pleine. En effet, le fond de la gourde
avait été percé, mais il ne le savait pas, et
il dit : « Remplissez. »

On le saigna jusqu'à ce que le sang fût
épuisé dans [son] corps. Il mourut là et
le lièvre alla se promener, car il n'avait
plus peur.

> (Fable massaï du Kénia, Afrique
> Orientale; XVIII, pages 103- 107).

*
* *

Comment le crapaud obligea le milan à le payer.

Le crapaud avait une créance chez le
milan, qui ne consentait pas à s'acquitter
et qui allait et venait sans se montrer
dans le village. Quand le crapaud allait
réclamer [son] argent, le milan usait de
ruse : il n'était pas là et faisait dire :
« Demain, demain. »

Lorsque le crapaud eut épuisé [sa] patience, il en vint à imaginer des ruses lui aussi pour avoir une entrevue avec le milan. A proximité du village du crapaud, sur le bord de la rivière, se trouvait un terrain en friche. C'était la saison sèche, les herbes étaient desséchées ; le crapaud incendia le terrain en friche. Quand le feu eut fini [de brûler], il alla se placer sur une motte de terre, faisant briller [sa] poitrine blanche en l'air.

Le milan, lorsqu'il avait aperçu la fumée du feu, s'était mis à planer dans l'air pour épier les rats qui viendraient à s'échapper du terrain en friche. Tandis qu'il allait et venait, il aperçut quelque chose de brillant sur une motte de terre et il se mit à battre des ailes, croyant que c'était un rat.

Le milan se précipita, se saisit de la chose brillante, [la] mit dans [sa] sacoche et [l']emporta en l'air, sans voir que c'était le crapaud.

Quand le jour déclina, il retourna dans son village et entra dans sa maison avec ses rats [qu'il avait pris]. Le milan se mit à faire le compte des rats qu'il avait attrapés. Comme il retirait les rats les uns après les autres, voilà que le crapaud sauta [hors de la sacoche] et, prenant la parole, dit : « Eh milan, me voici venu ici pour recevoir mon argent. »

Le milan fut bien étonné. La honte apparut [sur son visage]. Il alla prendre son argent dans la partie secrète de la maison, le compta au crapaud et dit : « Eh l'ami, prends ton argent, c'est parfait. Mais comment pourras-tu retourner dans ton village ? je ne t'[y] porterai pas gratis. » Le crapaud dit : « J'ai recouvré mon argent. Si je ne [t']avais pas tendu un piège, je n'aurais pas reçu mon argent. Je sais le chemin qui me ramènera sur terre. »

Le milan ne connaissait pas les ruses du crapaud. A la nuit, comme il allait se coucher, il suspendit sa sacoche à la porte de la maison, à proximité du sol. Le crapaud, ayant aperçu la sacoche, sauta dans la sacoche. De bon matin, dès que le jour brilla, le milan prit la sacoche et alla faire un tour. Mais, la chaleur s'étant accrue et étant devenue ardente, il alla à la recherche d'une rivière, posa sa sacoche sur la rive et entra dans la rivière pour se baigner.

Le crapaud sortit et dit : « Eh l'ami, je suis arrivé gratis. Là où les jambes font défaut, la ruse ne fait pas défaut. »

(Fable kongo du bas Congo ; XXVI. pages 204-206).

*
* *

Intelligence vaut plus que force.

(Proverbe foula du Fouta Diallon ; I, page 340).

CHAPITRE VIII

ARDEUR GUERRIÈRE

Le départ pour la guerre.

Donne-moi de la poudre et un fusil : demain je partirai.

Je veux leur couper la tête : demain je partirai.

Ils ont des femmes qui sont jolies : demain je partirai.

On dit qu'ils ont de l'or : demain je partirai.

Aujourd'hui il faut que je forge des balles: demain je partirai.

Aujourd'hui il faut que j'offre un sacrifice : demain je partirai.

Je veux leur couper la tête : demain je partirai.

Donne-moi de la poudre et un fusil : demain je partirai.

(Chant de guerre baoulé. Côte d'Ivoire ; IX, page 181).

*
* *

Chant de guerre des Amazones de l'ancien royaume du Dahomey.

Nous, enlevons, retournons, rejetons la terre [1] ; que l'homme ait les douleurs de l'enfantement [2].

Nous, creusons et labourons ; nous, enlevons, arrachons, rejetons la terre ; que l'homme ait les douleurs de l'enfantement.

Nous, Amazones, creusons, arrachons, rejetons la terre ; que l'homme ait les douleurs de l'enfantement.

Jusqu'à ce que la bouche s'entr'ouvre pour manger, une pioche sanglante fera une voie sanglante.

Nous, creusons, arrachons, labourons, rejetons la terre ; que l'homme ait les douleurs de l'enfantement.

Nous, Amazones, creusons, arrachons,

1. Image pour dire : nous, femmes, labourons les entrailles des ennemis comme les hommes labourent la terre ; faisons ce que font d'habitude les hommes.
2. C'est-à-dire : que l'homme fasse le travail des femmes.

rejetons la terre ; que l'homme ait les douleurs de l'enfantement.

(Chant fon du Dahomey ; VIII, page 168).

*
* *

Chant de guerre des archers de l'ancien royaume du Dahomey.

L'épée ne transperce pas l'éléphant, le feu ne consume pas la demeure du roi, le vent ne passe pas au travers des pierres, au travers des pierres ; la cartouche du fusil rate [et la balle] tombe à terre.

L'arc lance une flèche : le gibier tombe en s'affaissant, on dirait [qu'il] tombe sur [ses] excréments.

Il n'en est pas beaucoup qui essaient de saisir un fer [posé] sur le feu ; la brousse n'enfante pas le crocodile de la lagune ; jusqu'à ce qu'une bête soit morte, elle n'a pas achevé de mourir ; les forteresses trop [hautes] s'écroulent ; un cheval ne va pas dans une embarcation de roseaux ; le vent ne passe pas au travers des pierres, au tra-

vers des pierres ; la cartouche du fusil rate
[et la balle] tombe à terre.

L'arc lance une flèche : le gibier tombe
en s'affaissant, on dirait [qu'il] tombe sur
[ses] excréments.

(Chant fon du Dahomey ; VIII,
page 169).

*
* *

La mort du brave.

Éléphant sans berger,
Le brave est celui qui empêche les braves
de mettre pied à terre,
Celui dont la pointe blesse poitrine et
dos.
Le jour où le brave meurt, les pleurs ne
conviennent pas,
O ma mère ! ô mon père !
Que Dieu ne me tue pas d'une misérable
mort qui rend honteux,
D'une misérable mort sur un lit,
[Avec] les pleurs des jeunes et les gémis-
sements des vieux,
Les appels au nom de Dieu de la mère
et du père,

Le marabout aux doigts crochus [1],

Qui, tous [2], c'est de l'argent qu'ils convoitent,

[Mais que Dieu me donne] la mort du brave !

Lorsque la poudre a été partagée [en charges],

Les balles mises en réserve dans la bouche,

Les âmes confiées à Dieu,

Alors survient la mort du brave.

Le grand vautour se pose à terre [et] dit en se dandinant :

« Cela, c'est le [cadavre] gonflé d'un cheval de race ;

« Cela, c'est le [cadavre] étendu d'un brave. »

Il s'est trouvé que la mère du brave n'a pas été informée [3].

(Chant toucouleur du Foûta Sénégalais ; XVI, pages 349-350).

---

1. Littéralement « le marabout au raccourcissement des doigts ».

2. Il s'agit des doigts du marabout, qui attendent une aumône pour se refermer dessus.

3. Sous-entendu « de la mort de son fils et que, par conséquent, elle n'a pas eu de larmes à verser ».

L'AME NÈGRE

*
* *

Le point de vue des vaincus [1].

Une vieille femme : Diossé est allé perdre
les hommes inuti-
lement.

Où as-tu conduit les
hommes ?

Où as-tu conduit les
hommes de guerre?

L'âme de Diossé : Épargne-moi tes re-
proches [2] !

Je me tire d'affaire
moi-même [3].

Va interroger les Eu-
ropéens,

1. Cette chanson a été composée à la suite de la
défaite des chefs Diossé, de Koumi, et Samba, de Massantola, qui s'étaient révoltés en février 1915 contre
l'autorité française et qui furent battus sur la rivière,
alors à sec, de Zambougou ; quelques jours après, le
premier se fit sauter dans son réduit avec ses partisans ;
le second avait cherché son salut dans la fuite.

2. Littéralement : « Ote ta tête de sur moi ».

3. Diossé veut dire : « J'ai sauvé mon propre honneur, mais comment veux-tu que je sache où sont
mes guerriers ? va le demander aux Français et aux
tirailleurs qui les ont tués, va chercher leurs cadavres
sur la berge de la rivière de Zambougou. »

L'AME NÈGRE

Va interroger les ti-
railleurs,
Va regarder la berge
de la rivière desséc-
chée.

La vieille femme : Diossé n'a pas fui,
[mais] son nom n'a
pas été ennobli.
Samba a fui. Les Eu-
ropéens sont de
grands guerriers.
Samba a eu peur,
Samba de Massantola
n'est pas un hom-
me.

Les jeunes filles : Samba et Diossé ont
déchaîné la guerre
sans profit
Et sont allés faire
tuer nos frères aî-
nés sans profit.

La vieille femme : Je n'ai plus mon fils,
je n'aurai plus de
quoi manger,

Je n'aurai plus de quoi me vêtir : j'ai vieilli.

Les jeunes filles : Vieille femme, ne pleure pas.

Nous aurons des maris, nous te donnerons de quoi manger.

Ne pleure pas, nous aurons bien soin de toi.

Laisse Samba et Diossé, c'est une vilaine histoire.

(Chant dialogué bambara du Bélédougou ; III, pages 218-219).

***

La peur ne tue pas la mort.

(Maxime bambara de la région de Ségou ; XXXIII, 2e partie).

CHAPITRE IX

LES MÉFAITS DE LA POLYGAMIE

Une femme suffit à un homme.

[Cela] aussi se passa quand il y avait la famine au Foûta. Un homme, qui avait quatre femmes, savait qu'il ne pouvait pas les sauver de la famine. Il dit à ces femmes : « Venez vous mettre auprès de moi ; tout ce que j'aurai dit en songe, dites-le-moi. »

Les femmes vinrent se mettre auprès de lui. Il était couché [depuis] un instant [quand] il dit : « Je ne puis pas [en avoir] quatre. » Lorsqu'il s'éveilla, il leur dit : « Qu'est-ce que j'ai dit ? » Elles dirent : « Tu as dit que tu ne pouvais pas [en avoir] quatre. » L'homme dit à la quatrième : « Le songe veut dire que tu partes. » Elle partit.

Il dit aux [autres] femmes : « Venez de nouveau vous mettre auprès de moi ; si je dis quelque chose en songe, dites-le moi. » Elles revinrent s'asseoir à ses côtés. Ayant dormi un peu, il dit : « Je ne puis pas [en avoir] trois. » S'étant levé, il dit : « Qu'est-ce ce que j'ai dit en songe ? » Elles dirent : « Tu as dit que tu ne pouvais pas [en avoir] trois. » Il dit à la troisième : « Le songe veut dire que tu partes. » Elle partit.

Il [en] restait deux. Il leur dit : « Venez de nouveau vous mettre auprès de moi ; moi, je vais me coucher. » Elles vinrent s'asseoir à ses côtés. Il dit : « Je ne peux pas [en avoir] deux. » S'étant levé et étiré, il dit : « Qu'est-ce que j'ai dit ? » Elles dirent : « Tu as dit que tu ne pouvais pas [en avoir] deux. » Il dit à la deuxième : « Le songe veut dire que tu partes. » Elle partit.

Il [n'en] resta qu'une. Il dit encore à [cette] unique [femme] : « Viens te mettre auprès de moi ; si je dis [quelque chose] en songe, dis-le moi. » Il était couché [depuis] un instant [quand] il dit : « Une seule suffit à un seul. » S'étant éveillé, il dit : « Qu'est-ce que j'ai dit ? une seule suffit à un seul : cela est en mon pouvoir. »

(Conte toucouleur du Foûta Séné-galais ; XV, page 254).

L'AME NÈGRE

*
* *

Jalousie,

La mère de ma jalouse [1], je l'insulte ! le père de ma jalouse, je l'insulte ! le frère de ma jalouse, je l'insulte !

[S'il faut] nier en justice [ce que j'ai dit], je nierai, et pourtant j'ai insulté autant que j'ai pu, [car j'ai dit que] le sexe de ta mère ressemble à une gouttière.

Je n'irai plus [avec elle], ô chère maman, ô chère maman !

Ta mère est une [femelle] qui a enfanté des chiens. Au dehors, tu es une femme ; à la maison, tu es une citrouille, voyez ! creusée complètement.

Tu dis que tu es une femme : la femme, n'est-ce donc pas moi ? Tiens-toi droite : [cela] suffira pour [que] l'on [fasse la comparaison] tout de suite.

Mon camarade à la tresse [2], que tes

---

1. En bârma *ni*, qui signifie « jaloux, jalousie », d'où *tad ni* « avoir jalousie, être jaloux ». Ce mot *ni* est celui dont se désignent entre elles les différentes femmes d'un même époux.

2. Cette apostrophe s'adresse vraisemblablement à un homme pris pour arbitre.

yeux soient témoins : laquelle est plus belle que l'autre ?

(Chant d'insultes bârma du Baguirmi ; XIV, pages 61-62).

*
* *

Haine.

Une mère avait enfanté deux filles : l'une avait nom Nsampa, l'autre Nkengué. On maria Nsampa ; on maria aussi Nkengué [à un homme qui avait déjà une autre femme]. Nsampa enfanta des enfants.

Quant à Nkengué, où qu'elle allât, la jalouse [1] s'y trouvait [aussi], laquelle n'était pas aimée, cherchant dispute à toutes les femmes. Un jour, la jalouse trompa Nkengué, disant : « Allons au bord de l'eau ; allons cueillir des feuilles rondes pour [les] mettre sous les boules de pâte de manioc. » Étant parties, elles cueillirent beaucoup de feuilles rondes. [Quand] ce fut fini, Nkengué dit : « Il faut que je

1. *Ompala* en langue kongo ; c'est le surnom que se donnent entre elles les épouses d'un même mari ; le radical *mpala* exprime l'idée de « jalousie ».

mette à macérer le manioc de ma sœur ; ensuite, nous remonterons. » La jalouse dit : « Moi, je vais ramasser du bois sur la berge ; attends-moi ici. »

Étant allée sur la berge, elle se changea en python, [puis] elle vint saisir Nkengué là où celle-ci faisait macérer le manioc. Cela fait [et son ancienne forme reprise], elle chargea sa corbeille et le bois [1] et ensuite elle remonta [au village].

Lorsqu'elle arriva dans le village, on [l']interrogea, disant : « Et Nkengué qui était allée avec [toi], où est-elle ? » Elle dit : « Nkengué est à la rivière. » Le jour déclina sans que Nkengué fût remontée. C'est en vain que l'on chercha Nkengué, elle ne fut pas aperçue.

Quant à la jalouse, dès qu'elle fut arrivée, elle creusa un trou sous l'auvent de sa maison, prit du bois, [le] disposa [au-dessus du trou], prit des nattes et des feuilles qu'elle étendit par-dessus, après avoir introduit Nkengué dans le fond [du

1. Elle emportait aussi Nkengué, soit qu'elle l'eût dissimulée dans la corbeille sous les feuilles et le bois, soit qu'elle l'eût avalée quand elle était elle-même changée en python, comme il est dit plus loin, et l'eût conservée dans son ventre.

trou]. Cela fait, elle éleva une butte par-dessus et y planta une plante épineuse.

Nkengué, sous la terre, quand la nuit fut tombée, se mit à chanter une chanson, disant : « Nsampa, ma sœur Nsampa ! c'est la jalouse, c'est la jalouse qui a fait le coup ! Comme nous étions allées au [lieu du] manioc, elle m'a trompée en disant : « Demeure ici, je vais ramasser du bois sur la berge. » Alors, elle s'est changée en python et est venue m'avaler. C'est moi qui parle dans le trou, où elle est venue me vomir. »

Nsampa, quand elle entendit cela, convoqua les anciens de sa famille, ainsi que les anciens de [la famille de] la jalouse. Lorsqu'ils furent arrivés, elle dit : « Couchez-vous sous l'auvent, aux écoutes de la chanteuse. Quand vous l'entendrez chanter, alors creusez sous l'auvent. »

Tandis qu'ils étaient couchés, ils entendirent la chanteuse qui parlait sous la terre. Dès que le jour brilla, ils envoyèrent la jalouse à la rivière, disant : « Va puiser de l'eau. » Lorsque la jalouse fut partie à la rivière, les anciens de [la famille de] Nsampa se mirent à creuser sous l'auvent.

Ils creusaient et creusaient [encore], lorsqu'ils entendirent parler Nkengué, qui disait : « Creusez doucement, je suis blessée.» On la retira ; elle était devenue toute maigre.

Quand la jalouse arriva, on réunit tous les anciens, qui [l']interrogèrent, disant : « Pour quel motif as-tu fait cela ? » La jalouse ne dit rien, la honte [l']avait saisie. Les anciens la mirent à mort et mirent à mort les anciens de sa famille. Ils emmenèrent Nkengué, qui, après cela, alla dans sa famille maternelle.

(Conte kongo du bas Congo ; XXVI, pages 220-222).

*　*

La méchante marâtre.

Voici ce qui est arrivé ici, [au sujet d']une femme et [de] sa jalouse [1].

La première épousée avait enfanté une

---

1. En poular *naoula*, d'une ancienne racine *ndl* qu'on retrouve en sérère avec le sens de « jalousie » ; c'est le nom dont se désignent entre elles les différentes épouses d'un même mari.

fille qui était appelée Spatulette [1], la seconde épousée avait enfanté une fille qui était appelée Cuillerette [2]. La mère de Cuillerette était morte, il [ne] restait [que] la mère de Spatulette.

Les petites filles dirent : « Venez, que nous jouions à la dînette. » La petite fille dont la mère était [encore] vivante vint prendre une poignée [de grain]. Celle dont la mère était morte s'approcha, se disposant à [en] prendre une poignée [aussi] : l'autre mère frappa la petite fille dont la mère était morte.

Lorsqu'elle l'eut frappée, la petite fille pleura, disant : « Moi, Cuillerette, sœur de Spatulette, je suis abreuvée d'injustice. Qui a sa mère court prendre une poignée [de grain sans qu'on lui dise rien]. Je suis abreuvée d'injustice. Qui n'a pas sa mère est [estimée] inférieure [et doit] s'arrêter [sans prendre de grain] : je suis inférieure à ceux de ma parenté. »

1. En poular *koundel*, diminutif de *koundal*, qui est le nom d'un bâton, à extrémité élargie et aplatie en forme de spatule, servant à brasser la bouillie de farine de mil.

2. En poular *kolfel*, diminutif de *kolfo*, cuiller en bois.

Elle partit et alla gagner la tombe de sa mère. Lorsqu'elle y fut parvenue, elle pleura et chanta encore comme elle avait chanté déjà : « Moi, Cuillerette, sœur de Spatulette, je suis abreuvée d'injustice. Qui a sa mère court prendre une poignée. Je suis abreuvée d'injustice. Qui n'a pas sa mère est [estimée] inférieure [et doit] s'arrêter : je suis inférieure à ceux de ma parenté. »

Alors sa mère revint à la vie et l'enfant rentra avec sa mère à leur domicile.

Depuis lors, on a pris en haine sa jalouse

(Conte toucouleur du Foûta Sénégalais ; texte inédit recueilli et communiqué par M. Henri Gaden).

LA MALICE DES FEMMES

Origine des défauts féminins.

Trois hommes se rendirent successivement auprès du Ciel pour lui demander ce qu'ils désiraient [avoir]. L'un dit qu'il voulait un cheval, l'un dit qu'il voulait des chiens pour chasser le gibier, l'un dit qu'il voulait une femme pour [puiser] l'eau de boisson.

Le Ciel leur donna à chacun [ce qu'il avait demandé], à l'un un cheval, à l'un des chiens, à l'un une femme. Puis il les congédia et envoya la pluie, qui les empêcha de sortir du milieu de la brousse durant trois jours, pendant [lesquels] la femme fit la nourriture et [la] leur donna.

Alors ils dirent qu'ils allaient retourner chez le Ciel pour [lui] demander tous des femmes. Il accepta de s'arranger pour transformer le cheval en une femme et les chiens en des femmes. Puis ils partirent.

Le cheval qui avait été transformé en femme était gourmand ; les chiens qui avaient été transformés en femmes étaient méchants. Quant à la femme que le Ciel avait donnée antérieurement à l'un des hommes et qui était d'origine humaine, celle-là était bonne.

(Conte mossi de la région de Ouaga-dougou ; XII, page 227).

*
* *

Ruses des femmes et faiblesse des hommes.

Un jour, le léopard dit : « Je vais aller dans la forêt. » Comme il allait, la gazelle [le] vit. Courant en avant du côté où se dirigeait le léopard, elle alla se cacher dans du bois mort. Tandis qu'elle restait là, elle se mit à baver sur le bois.

Quant au léopard, lorsqu'il arriva, il aperçut sur le bois quelque chose comme de l'eau. Il vint [en] prendre [et le] lécha : c'était comme du miel.

Il chargea alors le bois et alla dans [son] village. Il prit une hache et, comme il fendait le bois, voilà [que la gazelle qui était cachée dedans apparut sous les traits d']une jeune fille. Le léopard fut très content et dit : « C'est ma femme ! Viens manger de la viande. » La gazelle dit : « Je ne mangerai point, tant que tes griffes seront grandes. » Le léopard dit : « Coupe[-moi] les griffes. » La gazelle [lui] ayant coupé les griffes, le léopard dit : « Viens manger. » La gazelle dit : « Je ne mangerai point, tant que tes dents seront grandes. » Le léopard dit : « Arrache[-moi] les dents. » La gazelle [lui] ayant arraché les dents, le léopard dit : « Eh femme, viens manger. » La gazelle dit : « Je ne mangerai point, tant que tes oreilles seront longues. » Le léopard dit : « Coupe[-moi] les oreilles. » La gazelle [lui] ayant coupé les oreilles, le léopard dit : « Eh femme, viens manger. » La gazelle dit : « Je ne mangerai point, tant que tes yeux seront grands. » Le léopard dit « : Enlève[-moi] les yeux. » La gazelle [lui] ayant enlevé les yeux, le léopard mourut.

La gazelle, ayant changé de forme,

reprit la forme d'une gazelle et retourna dans [son] village.

(Fable kongo du bas Congo ; XXVI, pages 212-214).

*
* *

Ne confiez rien à une femme.

Bâba disait qu'il ne mangerait jamais de haricots, si bien qu'on disait de lui : « C'est celui qui ne mange pas de haricots. »

Un jour, il arriva que, lui et ses camarades étant réunis, ceux-ci firent serment qu'il mangerait des haricots. Bâba dit que, bien certainement, il ne mangerait jamais de haricots.

Les amis de Bâba se réunirent entre eux et dirent à l'amante de Bâba que, si celle-ci parvenait à trouver un moyen pour que Bâba mangeât des haricots, ils la paieraient généreusement.

L'amante de Bâba resta trois nuits sans dormir, passant la nuit à éventer son amant, à le masser, à le caresser, à lui tenir de doux propos jusqu'au lever du jour. A l'aube de la troisième nuit, Bâba dit : « Eh bien, mon aimée, de quelle nature est cette chose que tu désires ainsi [obtenir] de moi ? » Son amante dit : « Eh bien, mon ami, tout le monde dit que tu ne mangeras pas de haricots de la main de qui que ce soit ; je désire ardemment que tu manges des haricots de la main de moi seule : alors je saurai que l'amour de moi t'est doux, que tu me préfères à tout le reste des humains. » Bâba dit : « Il n'y a que cette petite chose ? ce n'est pas difficile ! fais cuire des haricots demain à la nuit et, au milieu de la nuit, alors que tous seront endormis, je les mangerai. »

L'amante de Bâba fit cuire des haricots et y mit toutes sortes d'épices pour les assaisonner, tellement qu'on ne pût y bien percevoir l'odeur des haricots. Elle éveilla Bâba et posa les haricots près de lui.

Bâba dit : « Il est une personne avec laquelle tu es intime, celle avec qui tu échanges des secrets, jamais tu n'ouvrirais ton cœur à nul autre qu'à elle seule : va appeler cette personne-là et dis-lui de venir.»

La femme alla appeler la personne avec qui elle échangeait des secrets. Celle-ci étant arrivée toute seule, Bâba lui dit :

« Toi aussi es intime avec une personne qui est celle avec qui tu échanges des secrets ; va l'appeler et dis-lui de venir. » Elle alla appeler celle avec qui elle échangeait des secrets ; cette dernière arriva, [et ainsi de suite] jusqu'à ce que [le nombre des] personnes [présentes] eût été complété à dix.

[Alors] Bâba dit à son amante : « Mon amie, je ne mangerai jamais de haricots. S'il était arrivé que j'eusse mangé des haricots de ta main, toutes tes dix [amies] que voici l'auraient su et tout le monde à son tour l'aurait su. »

C'est ce qui faisait dire au chef des esclaves du roi de Ségou que personne ne doit échanger des secrets avec une femme.

(Conte bambara de la région de Ségou ; XXXII, pages 265-268).

* * *

Ambitions déçues.

Autrefois, si j'avais su, j'aurais épousé le Fer [1] ou ses enfants, et les regrets ne m'auraient pas saisie.

1. Surnom du roi du Baguirmi.

Autrefois, si j'avais su, j'aurais épousé à Abouguer les saints patriarches, et les regrets ne m'auraient pas saisie.

Autrefois, si j'avais su, j'aurais épousé à Balao des batteurs de *kissi* [1], et le *kissi* ne m'aurait pas fait défaut.

Autrefois, si j'avais su, j'aurais épousé à Bidéri des batteurs de beurre, et le beurre ne m'aurait pas fait défaut.

Autrefois, si j'avais su, j'aurais épousé la Viande [2] ou ses enfants.

Autrefois, si j'avais su, je me serais mariée à Massénia [3], [et je serais une femme] qui porte un pagne à traîne.

Autrefois, si j'avais su, je me serais mariée à Massénia, où [l'on fait] cabrer les chevaux [en l'honneur des femmes].

Autrefois, si j'avais su, j'aurais épousé le Ngourni [4] ou ses enfants.

O maman ! autrefois, si j'avais su, je ne me serais pas mariée ici, j'aurais épousé

---

1. Sorte de graine sauvage comestible qu'on décortique en la battant avec des verges en guise de fléau, comme on fait pour le mil ou le sorgho.
2. Surnom donné au chef de l'armée baguirmienne.
3. Ancienne capitale du Baguirmi.
4. Surnom donné au roi du Bornou quand il résidait à Ngourno.

près des fleuves les gens qui ont du poisson.

Autrefois, si j'avais su, j'aurais épousé au Kotoko les gens qui ont du poisson.

Autrefois, si j'avais su, j'aurais fait traîner [mon pagne] le long du fleuve. O chère maman, ô chère maman ! nous n'irons plus [là].

Autréfois, si j'avais su, je me serais mariée à Bousso sur le fleuve.

Autrefois, si j'avais su, j'aurais épousé le Babol [1] ou ses enfants.

Autrefois, si j'avais su, j'aurais épousé chez les païens les gens qui ont du sorgho.

Hélas ! autrefois, si j'avais su..., au lieu que je déborde de regrets, les regrets ne m'auraient pas saisie.

(Chanson bârma du Baguirmi ; XIV, pages 55-56).

*
* *

Aime ta femme, mais ne t'y fie pas.

(Maxime ouolove du bas Sénégal ; II, page 373).

1. Chef des Boua de Korbol.

CHAPITRE XI

AMOUR

Appel à l'aimé.

O beau Sokoti, ô joli jeune homme,
Prends-moi et allons !
Oui, ô seigneur, prends-moi et allons,
Prends-moi et allons au gué de l'Agba-
gnian [1]...
Prends-moi et allons tout doucement au
gué de l'Agbagnian.
O Sokoti, ô joli jeune homme,
O seigneur, prends-moi et allons,
Prends-moi et allons au gué de l'Agba-
gnian.

(Chanson baoulé de la Côte d'Ivoire ;
IX, pages 178-179).

1. Nom d'une rivière située sur la route que le beau
Sokoti doit suivre.

*
* *

Nocturne.

Le ciel s'est assombri du bleu sombre des cotonnades teintes à l'indigo ;

Le brouillard s'est égoutté en gouttelettes de lait frais ;

L'hyène a rugi, le seigneur de la brousse [1] a répondu...

C'est alors qu'avec une personne au teint clair [2] il est doux d'échanger des secrets.

> (Chanson peule de la région de Boromo, Haute-Volta, recueillie par le capitaine Figaret ; X, page 382).

*
* *

Rendez-vous.

De l'antimoine à mes yeux, une ceinture d'amulettes à ma taille, je vais satisfaire

1. Le lion.
2. Les Peuls de race pure ont le teint clair ; le peu de pigmentation de la peau constitue chez eux comme un cachet d'aristocratie.

mon désir féminin, ô mon mâle élancé.

Je vais aller derrière la muraille. J'ai attaché mon pagne sur ma poitrine, j'irai pétrir de belle argile, je viendrai crépir la maison de mon ami, ô mon mâle élancé.

Je prendrai ma pièce d'argent, j'irai acheter de la soie, je viendrai mettre mes amulettes, je viendrai satisfaire mon désir féminin, la corne à antimoine dans ma main, ô mon mâle élancé.

(Chanson bârma du Baguirmi ; XIV, page 59).

*
* *

L'absent.

Tu sais, lorsqu'après t'avoir quitté, je ne t'ai pas revu, mes petits yeux sont devenus des lacs [à force] de regarder au loin, mes petits pieds se sont enfoncés [dans le sol] peu à peu.

Je suis folle de mon petit Samba Diallo. [Celui qui était] ma teinture rouge [1] se bat : que Dieu prenne parti [pour lui].

(Chanson toucouleure de la région de Kayes ; IV, pages 180-214).

1. Allusion au teint de l'amant.

L'AME NÈGRE

* *
*

Douleur amoureuse.

La mort [l']a tué et le fossoyeur va [l']enterrer.

Hélas ! hélas ! ah ! l'épervier[1] a pris mon amant [et] m'a laissée !

Hélas ! hélas ! plus de jouissance !

La mort de mon amant me prend [toute] ;
Mon amant est parti sans retour.

Le fossoyeur coupe, coupe le petit bois, coupe les branches vertes[2]...

La mort a donné la mort à mon amant
Et je suis moi-même [encore en vie] !

Hélas ! hélas ! ah ! l'épervier a pris mon amant et il s'enfuit !

Hélas ! hélas ! plus de jouissance !

[Le front] couvert de poussière, [je demande au] Ciel qu'il prolonge la vie du roi et [lui donne] puissance et puissance...

---

1. Oiseau de mauvais augure symbolisant le maléfice auquel est attribuée la mort.
2. Pour faire la c vière.

Hélas ! hélas ! ah ! l'épervier a pris mon amant et il s'enfuit !

Hélas ! hélas ! plus de jouissance !

Le malheur de l'époux a, par son départ, rendu [veuve] sa femme.

Douleur ! douleur ! douleur !

(Chansons mossi de Ouagadougou ; XII, pages 215, 218 et 221).

* *

Un amant, c'est bon pendant la nuit, c'est bon pendant la nuit...

[Mais voilà que] le jour brille...

(Chanson dioula de Bondoukou ; texte inédit recueilli par l'auteur).

* *

Le cœur n'est pas un genou pour [pouvoir] être plié.

(Maxime toucouleure du Foûta Sénégalais ; XV, page 303).

CHAPITRE XII

AMITIÉ

Qui trompe son ami est puni.

Le crabe et le rat palmiste étaient amis. Ils allaient chercher [leurs] aliments ensemble. Dans la forêt, ils aperçurent un régime d'amandes de palme [qui ferait] leur [nourriture]. Le crabe dit : « Eh rat palmiste, tu es l'aîné ; grimpe, coupe le régime [et lance-le-moi] ; moi, je l'attraperai. »

Le rat palmiste grimpa, coupa [le régime], puis dit : « Eh crabe, attrape le régime. » Le crabe dit : « Il faut que j'aille prendre sur la hauteur [de l'herbe pour faire] un coussinet, [afin de le placer sur ma tête pour porter le régime]. » Il partit, alla trouver un arc et dit : « Eh arc, si tu vois le rat palmiste qui est au faîte du palmier, tireras-tu sur [lui] ? » L'arc dit : « Je tirerai. »

Il partit ailleurs, alla trouver le termite et dit : « Eh termite, si tu vois l'arc, [l']en-

toureras-tu de terre ? » Le termite dit :
« Je [l']entourerai de terre. »

Il partit ailleurs, alla trouver le coq et
dit : « Eh coq, si tu vois le termite, [le]
piqueras-tu [du bec] ? » Le coq dit : « Je
[le] piquerai. »

Il partit ailleurs, alla trouver la genette
et dit : « Eh genette, si tu vois le coq,
[le] saisiras-tu ? » La genette dit : « Je
[le] saisirai. »

Il partit ailleurs, alla trouver le chien
et dit : « Eh chien, si tu vois la genette,
[l']attraperas-tu ? » Le chien dit : « Je
[l']attraperai. »

Alors, quand ils furent arrivés tous, le
chien attrapa la genette, la genette saisit
le coq, le coq piqua le termite, le termite
irrité entoura l'arc de terre, l'arc irrité
lâcha la flèche, la flèche atteignit le rat
palmiste, qui laissa tomber le régime, qui
tomba sur le dos du crabe, et c'est ainsi
que le crabe eut le dos aplati.

S'il n'avait pas dit aux gens de tirer
sur le rat palmiste, alors il n'aurait pas
le dos aplati.

(Fable kongo du bas Congo ; XXVI,
page 208).

L'AME NÈGRE

*
* *

Perdre un ami, c'est mourir.

C'est une pitié que [de perdre] un ami
intime,
Sadio[1], l'hippopotame de Bafoulabé[2]!
Si j'avais su que mon ami intime dût
mourir,
Je n'aurais pas fait amitié [avec lui],
Sadio, l'hippopotame de Bafoulabé.

Une petite fille orpheline qui demeurait
à Bafoulabé était attachée au service d'une
femme ; c'était elle qui s'occupait de porter
son eau à la fin de la nuit.
La petite fille, allant prendre de l'eau
au grand fleuve [qui se trouve] là, emplit
son vase à eau ; elle ne put réussir à sou-
lever l'eau jusque sur sa tête.
La petite fille pleura, pleura, pleura,
pleura, et exprima toute [sa] compassion

---

1. Sadio est le nom de l'hippopotame, héros de
cette histoire.
2. Nom d'un village situé au confluent du Bakoy
et du Bafing, dont la réunion forme le Sénégal ;
ba-foula-bé signifie « rencontre de deux fleuves »

pour les pitoyables orphelins, [tout en] agitant l'eau, l'agitant, l'agitant, l'agitant.

L'eau se souleva [en faisant] poui poui poui poui poui ; un hippopotame surgit de son soulèvement, qui dit à la petite fille : « Que je voudrais te plaire ! car tu me plais. »

Il l'aida à mettre l'eau sur sa tête et dit à la petite fille : « Quand le malheur t'atteindra, chante [cette] chanson :

« C'est une pitié que [de perdre] un ami intime,
Sadio, l'hippopotame de Bafoulabé !
Si j'avais su que mon ami intime dût mourir,
Je n'aurais pas fait amitié [avec lui],
Sadio, l'hippopotame de Bafoulabé. »

Il lui donna de l'or, il lui donna de l'argent, il lui donna des aliments, il lui donna des étoffes.

Il y avait des hippopotames qui avaient coutume de se glisser sous les pirogues et faisaient ainsi tomber au fond de l'eau les biens qu'elles contenaient. L'administrateur donna l'ordre de tuer tout hippopotame qui serait dans les limites [de la circonscription]. On tua tous les hippopotames, [excepté] l'hippopotame Sadio [qui] ne fut pas aperçu ; c'était un hippopotame génie que cet hippopotame [appelé] l'hippopotame Sadio.

La petite fille vint au crépuscule. Un pêcheur à la ligne était assis dans un creux de rocher, la petite fille ne le vit pas. La petite fille chanta la chanson :

« C'est une pitié que [de perdre] un ami intime,
Sadio, l'hippopotame de Bafoulabé !
Si j'avais su que mon ami intime dût mourir,
Je n'aurais pas fait amitié [avec lui],
Sadio, l'hippopotame de Bafoulabé. »

Le pêcheur à la ligne alla dire au chef de village : « J'ai vu un hippopotame. » Le chef de village alla dire au chef de canton : « Un pêcheur à la ligne a vu un hippopotame. » Le chef de canton alla dire à l'administrateur : « Un pêcheur à la ligne a vu un hippopotame. »

L'administrateur dit : « Vous tous, [gens] de Bafoulabé, allez au fleuve et cherchez l'hippopotame, cherchez-le, cherchez-le, cherchez-le. »

Aucun hippopotame ne fut trouvé là en vérité. Le pêcheur à la ligne avait dit un mensonge et [il] fut jeté en prison, le pêcheur à la ligne, [pour] quinze jours. Plus d'un mois se passa, tous avaient oublié l'hippopotame.

Au crépuscule, un jour, la petite fille vint dire à son hippopotame : « Je suis venue dire que le besoin de beaucoup de choses s'est emparé de moi. » Le pêcheur à la ligne [était] assis au bord du fleuve, son oreille dressée. La petite fille chanta la chanson :

« C'est une pitié que [de perdre] un ami intime,
Sadio, l'hippopotame de Bafoulabé !
Si j'avais su que mon ami intime dût mourir,
Je n'aurais pas fait amitié [avec lui],
Sadio, l'hippopotame de Bafoulabé. »

Quand elle eut chanté cette chanson, l'hippopotame lui donna beaucoup d'or, lui donna beaucoup d'argent, lui donna beaucoup d'aliments, lui donna de nombreuses étoffes. Cela fait, l'hippopotame retourna dans l'eau.

La pêcheur à la ligne vint prendre la petite fille par la main et alla la remettre au chef de village. Le chef de village la prit et la remit au chef de canton. Le chef de canton la saisit et alla la donner à l'administrateur.

L'administrateur dit à la petite fille : « C'est toi qui vas [nous] montrer l'hippopotame ! » La petite fille dit : « Non, je ne montrerai pas l'hippopotame. » L'administrateur mit la petite fille en prison [pour] quinze jours. Il l'interrogeait, elle disait qu'elle ne l'avait pas vu. L'administrateur se fatigua de l'interrogatoire et relâcha la petite fille.

[Quand] la petite fille fut relâchée, elle alla à la tombée de la nuit auprès de l'hippopotame et dit à l'hippopotame : « J'ai été prisonnière quinze jours ; on [m'a] dit [que je resterais en prison] jusqu'à ce que je me décide à dire ce qui te concerne ; je n'[y] ai pas consenti. Jusqu'à ce que je sois morte, je ne le dirai pas. »

L'hippopotame dit à la petite fille :
« Dis la chose à l'administrateur. »

Elle alla dire la chose à l'administrateur.
L'administrateur dit à tous les gens du
village : « Assemblez-vous tous demain
matin pour aller [trouver] Sadio, l'hippopotame de Bafoulabé. »

Le jour n'avait pas lui [que] tous arrivèrent au bord du fleuve. L'administrateur
dit à la petite fille : « Appelle ton ami. »
La petite fille dit :

« C'est une pitié que [de perdre] un ami
intime,
Sadio, l'hippopotame de Bafoulabé !
Si j'avais su que mon ami intime dût
mourir,
Je n'aurais pas fait amitié [avec lui],
Sadio, l'hippopotame de Bafoulabé. »

L'hippopotame sortit bruyamment. Tous
aperçurent l'hippopotame au confluent des
deux fleuves. L'administrateur dit à la
petite fille : « Dis à l'hippopotame d'aller
au poste. » L'hippopotame se rendit au
poste, disant qu'il avait voulu être pris
par l'intermédiaire de son aimée.

L'administrateur fit cadeau à la petite fille de cent [pièces] d'or et [lui] donna cent [pièces] d'argent. L'hippopotame resta un mois chez l'administrateur.

[Un jour,] l'hippopotame dit à l'administrateur : « Je vais au fleuve, je [re]viendrai demain matin. » L'hippopotame alla au fleuve. Pendant la nuit, un chasseur arriva qui venait d'un pays éloigné ; il tira sur l'hippopotame et tua l'hippopotame ; il lui coupa la queue et donna celle-ci au chef de village. Le chef de village lui dit : « Va la montrer à l'administrateur ; c'est à toi [de répondre] du meurtre de l'hippopotame. » Le chasseur s'enfuit.

Le matin, l'administrateur dit à la petite fille : « Va chercher l'hippopotame au fleuve. » La petite fille se rendit auprès de l'hippopotame : il était mort. La petite fille alla dire à l'administrateur : « L'hippopotame, vous l'avez tué ! »

La petite fille pleura, pleura, pleura, pleura, monta au faîte d'un arbre, se laissa tomber et se rompit le cou.

C'est une pitié que [de perdre] un ami intime,

Sadio, l'hippopotame de Bafoulabé !
Si j'avais su que mon ami intime dût
mourir,
Je n'aurais pas fait amitié [avec lui],
Sadio, l'hippopotame de Bafoulabé.

> (Chant et récitatif malinké du haut
> Sénégal ; texte inédit recueilli à
> Kankan et communiqué par l'ad-
> ministrateur Humblot).

* *
*

Un homme de bien n'abandonne pas ses
amis à qui il est arrivé des difficultés.
> (Maxime souahili de la Côte orien-
> tale d'Afrique ; XXVII, page 446).

* *
*

Quelqu'un qui a bu du miel avec un
homme doit boire aussi avec lui de l'infu-
sion de caïlcédrat [1].
On ne préfère pas un autre homme à

---

1. Arbre à écorce très amère (Khaya senegalensis).

son ami, mais tu ne préfères pas ton ami
à toi-même.

(Maximes bambara de la région de
Bamako ; XXXIII, 2e partie).

*
* *

Mieux vaut un païen qui t'aime qu'un
musulman qui ne t'aime pas.

(Maxime souahili de la Côte orientale d'Afrique ; XVIII, page 246).

CHAPITRE XIII

JUSTICE ET VÉRITÉ

Comment on risque de condamner l'innocent pour le coupable.

Le caméléon et le singe, étant allés se promener, trouvèrent [un pot de] vin de palme [placé sur un palmier] par un marchand de vin de palme. Le singe dit : « Camarade, buvons-le. » Le caméléon dit : « Je n'ose pas. » Le singe dit : « Peuh ! buvons-le. » Le caméléon dit : « Toi, bois-le. » Le singe grimpa [sur le palmier], but copieusement et descendit. Ils continuèrent [leur chemin].

Le propriétaire du vin de palme arriva après et aperçut des traces de pas [sur le sol] humide. Il se mit à courir à leur poursuite, les rattrapa et [les] interrogea, disant : « Qui est celui qui a bu mon vin de palme ? » Le singe dit : « Ce n'est pas moi. » Le caméléon le désavoua. Le singe dit : « Puisque ce [que j'ai dit] est désavoué ainsi, regarde-nous : c'est seulement celui qui titube qui peut l'avoir bu. » Puis il marcha, s'arrêta [bien] droit et dit : « Regarde-moi ! est-ce que je titube ? » Il s'adressa au caméléon : « Toi aussi, marche, s'il est vrai que tu n'es pas ivre. » Le caméléon se mit à marcher et s'arrêta en titubant, [ainsi que font d'ordinaire les caméléons]. Le singe dit : « Vois, le buveur de vin de palme ne se déguise pas ! » L'homme se saisit du caméléon, le frappa copieusement et le lâcha en disant : « Je te pardonne ; [par égard] pour le singe, je ne te tue pas. »

Ils poussèrent plus avant et rencontrèrent un champ. Le caméléon dit : « Incendions ce champ ! » Le singe dit : « Non, je refuse. » Le caméléon dit : « Erreur ! nous allons l'incendier. » Puis il alla prendre un tison et mit le feu au champ; le feu ne fit que flamber et mourir, [et] s'éteignit. Les gens arrivèrent et s'informèrent. Le caméléon dit : « Je ne sais pas, j'ai vu la fumée, mais je n'y ai pas mis la main. » Le singe dit : « Comment [serait-ce] moi ? » Le caméléon dit : « Puisqu'il le

nie ainsi, regardez seulement nos doigts ;
l'incendiaire du champ ne se déguisera
pas. » On regarda les doigts du caméléon,
on vit qu'ils étaient nets. Alors il dit :
« Tends la main, singe. » Le singe la tendit,
elle apparut de couleur noire [comme sont
les mains des singes]. On se saisit de lui,
on le frappa, on lui donna des coups de
poing à lui casser la tête et [lui] défoncer
la poitrine et on [le] jeta dans la brousse.

(Fable boulom de la côte de Sierra-
Leone ; XXIII, pages 54-57).

*

*Le juge ne saurait prononcer en l'absence
de témoins.*

L'éléphant possédait un bélier très gras.
Il dit que celui qui désirerait qu'il lui
donnât ce bélier à manger aurait, le jour
de sa mort finale, à venir creuser sa tombe.
Il appela tous les êtres de la brousse, qui
dirent qu'ils ne pouvaient pas [accepter
cette condition], parce que l'éléphant était
trop gros. Le lièvre dit que, pour lui, il [le] pouvait.

L'éléphant dit : « Fort bien ! viens recevoir [le bélier]. » Le lièvre vint, l'éléphant prit le bélier et [le] donna au lièvre. Le lièvre emporta chez lui le bélier, l'égorgea et mangea jusqu'à ce qu'il fût rassasié.

Après que trois étés eurent passé, l'éléphant dit à son fils : « Quand je serai mort finalement, va appeler le lièvre [pour qu'il] vienne creuser la tombe. »

L'éléphant étant mort, le fils de l'éléphant se rendit auprès du lièvre et dit : « Lièvre, mon père est mort ; il a dit [que tu] viennes creuser la tombe. » Le lièvre dit que, pour lui, il ne creuserait certes pas la tombe de l'éléphant, parce que [ce qu'on lui disait était un] mensonge. Il dit : « Où est le témoin ? » On dit qu'il n'y avait pas de témoin. Le lièvre dit : « S'il n'y a pas de témoin, c'est fini. »

Le fils de l'éléphant alla appeler le juge. Le juge arriva et interrogea le lièvre, qui développa son point de vue ; le fils de l'éléphant aussi développa son point de vue. Le juge demanda : « Où est le témoin ? » On dit qu'il n'y avait pas de témoin. Le juge dit que le lièvre avait raison et que le fils de l'éléphant n'avait pas raison.

C'est pourquoi, chaque fois que des gens se disputent, on demande un témoin. S'il n'y a pas de témoin, il n'y a pas [moyen d'établir la] vérité.

> (Fable peule de la région de Boromo, Haute-Volta ; texte inédit recueilli et communiqué par le Dr Cremer).

*
* *

La parole de l'homme est multiple, la parole de Dieu est une.

> (Maxime dioula de Korhogo, Côte d'Ivoire ; texte inédit recueilli par l'auteur).

*
* *

On ne casse pas une tête en l'absence du possesseur de la tête.

Un gros paquet de mensonges renversera la stature d'une petite vérité isolée.

Le mensonge aurait beau être en route depuis dix ans que la vérité le rattraperait en une matinée de marche.

> (Maximes bambara de la région de Bamako ; XXXIII, 2e partie).

*
* *

Si les mensonges sont partis le matin
et la vérité le soir, elle rattrapera les mensonges.

> (Maxime toucouleure du Foûta Sé-
> négalais ; XV, page 303).

*
* *

Si le mensonge court depuis un an, la
vérité en un seul jour le rattrape.

Le mensonge donne des fleurs, non des
fruits.

> (Maximes haoussa de la région de
> Kano ; XX, page 286).

*
* *

Que j'aie tué un éléphant est une vérité,
mais que je l'aie porté sur la route [est]
un mensonge.

> (Maxime ibo du bas Niger ; XXX,
> page 21).

CHAPITRE XIV

LE RESPECT DE LA PAROLE DONNÉE

*Comment le crocodile fut puni pour n'avoir
pas tenu ses engagements.*

Il y avait une fois dans un pays lointain
une jeune fille. Comme elle était en train
de laver sur le bord de la lagune, voilà
que sa calebasse[1] lui échappa des mains,
et le courant l'emporta rapidement jusqu'à
l'autre rive, où elle s'échoua. Le cœur
désagréablement impressionné et lourd,
l'enfant se mit à pleurer et elle chercha
une pirogue pour traverser la lagune, car
celle-ci était profonde et remplie de croco-
diles qui circulaient en rond, prêts à
dévorer ce qu'ils rencontreraient.

Tout à coup, la jeune fille aperçut en
face d'elle une femelle de crocodile qui
était couchée, en train de pondre des

1. Qui lui servait à transporter son linge.

œufs. L'enfant eut peur et elle se mettait à fuir, lorsque le crocodile l'interpella avec de douces paroles et l'interrogea, disant : « Eh mon amie, où vas-tu donc ? » Aussitôt la jeune fille cessa d'avoir peur, s'arrêta et raconta au crocodile, qui la contemplait avec des yeux paisibles, tout ce qui avait eu lieu.

Le crocodile répondit et lui dit : « Que me donneras-tu, si je te porte jusque là-bas ? » L'enfant lui dit : « Tu sais que je n'ai rien ici sur moi, mais je te donnerai mon petit porc qui est là-bas aux champs. » Le crocodile ne discuta pas et porta la jeune fille sur son dos jusqu'à l'endroit où la calebasse s'était échouée.

Mais le crocodile fit mine de vouloir s'en aller et la jeune fille l'appela, en l'injuriant de mots coléreux. Le crocodile la regarda de côté et lui adressa la parole, lui disant : « Que me donneras-tu en plus, si je te ramène ? » La jeune fille lui dit : « Ah ! fourbe ! n'est-ce pas d'un porc seulement que nous avions parlé ? que veux-tu en plus ? » Et le crocodile s'esquiva, lui disant : « Tu ne veux pas ? reste donc ! demain nous nous verrons. »

A ce moment, voilà qu'un lamantin qui passait par là entendit le discours que le crocodile tenait à la jeune fille. Il eut pitié d'elle et la transporta sur l'autre rive. L'enfant, ayant échappé aux mains du crocodile malfaisant, resta debout sur le rivage, le cœur apaisé, observant le lamantin et le crocodile qui luttaient ensemble en un combat acharné, comme il arrive encore maintenant.

La jeune fille mit les œufs du crocodile dans sa calebasse, courut à la maison et proclama partout : « Gardez-vous d'aller au rivage pour y porter le porc au crocodile qui vous y attend. Les anciens ont dit qu'il ne convient pas de tenir les engagements pris envers qui vous refuse quoi que ce soit de ce qu'il vous a promis. »

(Conte diola de la Casamance ; XXXIV, pages 183-184).

CHAPITRE XV

RECONNAISSANCE ET INGRATITUDE

La Vie.

La Vie, s'étant donné la forme d'un beau jeune homme, alla demander l'hospitalité à un éléphantiasique. Celui-ci la questionna sur son nom : « Mon nom, dit-elle, est la Vie ; certains me connaissent à l'aller qui ne me reconnaîtront pas au retour. Je vais et je viens. Quand je reviendrai ici, je me présenterai à toi ; ce sera dans sept ans. Mais qu'as-tu donc ? — Mon père, dit l'homme, c'est cette vilaine maladie que j'ai ; elle a détruit mon apparence humaine. — Je vais te guérir, dit la Vie, mais tu m'oublieras. — Qui que ce soit qui parvienne à me guérir, dit l'homme, je ne l'oublierai jamais ! » La Vie prit sur elle une poudre végétale et la mit sur

l'homme, dont la maladie disparut entièrement.

Ayant repris sa route, la Vie arriva
auprès d'un lépreux, qui lui demanda son
nom : « Mon nom est la Vie, dit-elle ; certains me connaissent à l'aller qui ne me
reconnaîtront pas au retour. Je vais et je
viens. Dans sept ans, je repasserai ici chez
toi. Je vais guérir ton mal, mais tu m'oublieras. — Je ne t'oublierai pas de la vie ! »
dit le lépreux. Elle le guérit et reprit sa
route.

Elle arriva auprès d'un aveugle, qui lui
demanda son nom : « Mon nom est la Vie,
dit-elle ; certains me connaissent au passage qui ne me reconnaîtront pas au retour.»
Elle le guérit et reprit sa route.

Sept années s'étant écoulées, elle s'infligea la cécité et vint demander l'hospitalité chez l'[ancien] aveugle. Celui-ci se
trouvait être aux champs. Ses femmes
dirent : « Notre maître ne cessera [donc]
pas de recevoir des gens de rien ! Pour quel
motif accueille-t-il cette bande d'aveugles ?
nous n'en savons absolument rien. » La
Vie dit : « Ne me donnerez-vous pas un peu
d'eau pour me désaltérer ? » Alors elles

mirent un peu d'eau sale dans une vieille calebasse et la lui donnèrent.

L'hôte arriva : « C'est encore un de tes gens de rien qui est venu », dirent les femmes. La Vie s'avança en tâtonnant jusqu'à l'homme et dit : « Je suis de passage et je demande à passer la nuit chez toi. » L'homme lui étendit une vieille natte dans un coin du vestibule et lui donna quelques arachides. L'aube ayant paru, la Vie appela son hôte, se rendit la vue en sa présence et dit : « Ne t'avais-je pas dit que certains connaissaient la Vie à l'aller et ne la reconnaîtraient pas au retour ? Le jour où je t'ai rendu la vue, tu n'as pas pensé à aujourd'hui. » [Puis] la Vie sortit en mettant un peu d'une poudre végétale sur la trace de ses pas : l'homme devint complètement aveugle.

La Vie partit. Arrivée non loin du village de l'[ancien] lépreux, elle s'infligea une lèpre telle que des essaims de mouches la poursuivaient. Elle alla demander l'hospitalité à cet homme, qui ne lui donna même pas à manger, disant qu'elle était trop sale. L'aube ayant paru, elle l'appela, se guérit et dit : « Ne t'avais-je pas dit que certains ont connu la Vie à l'aller qui ne la reconnaissent pas au retour ? Dans quelles circonstances cela a-t-il eu lieu ? » [Puis] la Vie sortit en mettant une poudre végétale sur la trace de ses pas : l'homme fut recouvert de nouveau d'une lèpre telle que sa chair s'en allait d'elle-même.

Arrivée près du village de l'[ancien] éléphantiasique, la Vie s'infligea une éléphantiasis telle qu'elle ne pouvait marcher qu'en se traînant. Dès qu'elle parvint à la porte de son vestibule, cet homme courut à sa rencontre en disant : « Oh ! entre ! Comme ce joli garçon a été abîmé ! Viens ici, tu me fais grandement pitié. J'avais moi-même cette vilaine maladie et un homme de bien m'a soigné. Si j'en avais le pouvoir, je voudrais te soigner. Tu es bien malheureux ! Si tu consens à demeurer ici chez moi, peut-être ce même homme [qui m'a guéri] t'y trouvera et te soignera. » [Puis] il tua pour la Vie un mouton engraissé, lui fit cuire un plat de riz, lui donna dix noix de cola et une calebasse pleine de lait frais et l'installa dans une jolie chambre.

L'aube ayant paru, la Vie se changea en

un beau jeune homme comme elle était [auparavant] et dit : « Tu as connu la Vie à l'aller et tu l'as reconnue au retour. Tu resteras en ton état actuel, [car] tu as été celui qui se souvient du passé. »

L'homme lui donna sept belles vaches et un taureau, [mais] elle dit : « Non, je n'ai que faire des richesses ; si j'ai agi ainsi, c'est afin que vous sachiez que la Vie est une chose fertile en changements. »

(Conte bambara de la région de Bamako ; XXXIII, 3e partie, n° 60).

* *
*

L'ingratitude humaine.

Un homme, un gros rat, un serpent python et un singe cynocéphale s'étaient introduits dans un puits avec l'intention de s'abreuver. Une fois abreuvés et voulant sortir, ils ne purent pas sortir.

Un chasseur qui se promenait les vit dans le puits et dit : « Qu'est-ce qui vous a conduits dans ce puits ? » Ils dirent au chasseur : « C'est le besoin de boire qui nous a saisis ; nous sommes donc descendus dans ce [puits] avec l'intention de nous abreuver ; le moment de nous en sortir arrivé, nous n'avons pas pu sortir. » Le chasseur leur dit : « Je pourrais vous sortir de là dedans, [mais,] si je vous sors, l'un de vous me fera du mal. » Ils dirent : « Si tu nous sors, nous ne pourrons pas te faire de mal. »

Le chasseur jeta une corde dans le puits et les sortit un à un. L'homme et le gros rat allèrent dans le village, le cynocéphale alla dans la brousse, le python alla se mettre à l'eau.

Le chasseur, [en] se promenant, se rencontra dans la brousse avec le cynocéphale, qui lui donna des fruits de *néré*[1]. Il se rencontra [aussi] avec le rat, qui alla voler la boîte à or du roi et vint la donner au chasseur.

L'homme, l'ayant vu, alla dire cela au roi. Celui-ci se saisit du chasseur, le ligotta et alla l'étendre au bord de l'eau. Le python sortit de l'eau et dit au chasseur : « Je vais aller mordre la femme préférée du roi ; si l'on vient t'interroger, prends

1. *Parkia biglobosa.*

cette poudre de feuilles et va l'appliquer sur les lèvres de la morsure : elle guérira. » Le python alla s'introduire dans l'enclos du roi et mordit sa femme préférée.

Le roi alla exposer son cas au chasseur, qui lui dit : « Si tu me délies, je pourrai la soigner. » Il le délia [et] ils allèrent ensemble à la maison. [Quand] ils [furent] arrivés, le chasseur dit au roi : « Apporte la langue du traître ; si je mélange celle-ci avec [cette] poudre de feuilles, ta femme guérira. » Le roi dit : « Qui donc est traître dans le pays ? » Son enfant lui dit : « L'homme qui est venu te dire que c'était le chasseur qui avait volé ta boîte à or, c'est celui-là qui est le traître. » On se saisit de l'homme, on arracha sa langue, on la coupa, on la mélangea avec la poudre de feuilles et on l'appliqua sur les lèvres de la morsure du python. Le femme du roi guérit.

C'est ce qui prouve que l'homme n'est pas bon à faire du bien à tout le monde.

(Conte bambara ; texte inédit recueilli dans la Haute-Volta et communiqué par l'administrateur Labouret).

L'AME NÈGRE

Ceux qui rendent le mal pour le bien.

Un crocodile était venu dans un village. [Comme] il paissait, il entendit des gens qui disaient : « Demain, on ira à la chasse au crocodile dans la rivière. » Ayant entendu, il ne voulut pas retourner à la rivière, s'introduisit dans un paillasson [roulé], s'[y] coucha et s'[y] dissimula.

Au matin, [les gens] partirent, firent la chasse au crocodile et revinrent chez eux. Lorsqu'ils furent arrivés chez eux, un homme sortit en dehors du village, alla chercher du bois et de la paille, alluma du feu et fit griller la viande de [sa] chasse. Il aperçut le crocodile, qui lui dit : « Conserve-moi le secret. » Cet homme dit au crocodile : « Qu'est-ce qui t'a amené ici ? » Il dit : « Pendant la nuit, je suis venu paître ; j'ai entendu des gens dire que, le lendemain, ils iraient chasser ; je me suis caché et ne suis pas retourné à la rivière. Porte-moi chez moi dans la rivière. » L'homme dit : « Bien ! »

Il alla prendre un sac en vannerie, [y] mit le crocodile, en cousit l'ouverture, [le] chargea, le porta à sa maison et l'[y] déposa. Le soleil s'étant couché, il prit le sac et alla à la rivière. Comme il le déposait au voisinage de [l'eau], le crocodile dit : « Mets-moi à l'eau, s'il te plaît. » Il [le] prit et le mit à l'eau, le portant jusqu'à [ce que l'eau lui atteignît] les genoux. Le crocodile dit : « Mets-moi [là où l'eau atteint] la ceinture du pantalon. » Il l'[y] mit. Le crocodile dit : « Avance encore au moins jusqu'à [l'endroit où l'eau atteint] la poitrine. » Il le porta [jusqu'à cet endroit]. Le crocodile dit : « Dépose-moi ici ; sors-moi du sac. » Il le sortit.

Lorsque l'homme l'eut sorti, le crocodile lui saisit une jambe. L'homme dit : « Aïe ! qu'est-ce que cela ? » Le crocodile dit : « Eh bien, quoi ?... » L'homme dit : « Lâche-moi ! » Le crocodile dit : « Je ne te lâcherai pas. »

Tandis que l'homme restait là debout, des animaux de la brousse vinrent boire de l'eau. Ils dirent : « Tiens ! c'est un homme qui est debout dans l'eau ? » Il dit : « Oui, je suis un homme ; un crocodile à qui j'ai fait du bien m'a fait du mal. » Les animaux de la campagne dirent : « Ceci est votre récompense, à vous, enfants d'Adam ! est-ce que, vous, vous faites du bien à qui que ce soit ? » Ils dirent : « Crocodile, tiens [bien] ta proie, ne [la] laisse pas aller. » Cet homme commença à pleurer.

Alors un chacal vint boire de l'eau et aperçut cet homme, debout dans l'eau, qui pleurait. Il dit : « Que t'est-il arrivé, que tu pleures dans la rivière ? » L'homme dit : « Un crocodile à qui j'ai fait du bien m'a fait du mal. » Le chacal dit : « Crocodile, est-ce vrai ? » Le crocodile répondit : « Oui. » Le chacal dit : « Sortez, que je vous juge, car je suis un savant. » Le crocodile dit : « Bien ! refuse-t-on la justice ? on ne refuse pas la justice ! » Il laissa l'homme aller et ils sortirent [de l'eau pour se rendre] auprès du chacal. Lorsqu'ils furent sortis, ils s'assirent en face du chacal.

Le chacal dit : « Crocodile, comment cet homme a-t-il agi envers toi ? » Le crocodile dit : « On allait me tuer, il m'a porté ici chez moi ; il m'a fait le jour et moi je lui ai fait la nuit. » Le chacal dit : « Crocodile, le bon droit est avec toi, cet homme n'a pas le bon droit [de son côté]. »

Il dit [à l'homme] : « Dans quoi l'as-tu transporté chez lui ? » L'homme dit : « C'est dans ce sac que je l'ai mis et l'ai transporté. » Le chacal dit : « C'est un mensonge que tu dis, homme ! comment l'aurais-tu mis dans un sac et l'aurais-tu transporté ? » Le crocodile dit : « C'est la vérité qu'il a dite et non pas un mensonge ; c'est dans un sac qu'il m'a transporté. » Le chacal dit : « Entre [dans le sac], que je voie. » Le crocodile entra dans le sac. Le chacal dit à l'homme : « Couds le sac, que je voie. » L'homme cousit le sac. Lorsqu'il l'eut cousu, le chacal dit : « Comment l'as-tu chargé ? » L'homme dit : « C'est sur ma tête que je l'ai chargé. » Le chacal dit : « Lève-toi et charge [-le] sur ta tête, que je voie. »

Lorsque l'homme eut posé [le sac] sur sa tête, le chacal dit : « Chez vous, vous ne mangez pas de viande de crocodile ? » L'homme dit : « Nous [en] mangeons. » Le chacal dit : « Puisque vous [en] mangez, va chez vous, vous mangerez votre proie. »

Alors l'homme dit au chacal : « Tu m'as fait du bien, partons chez moi et je te donnerai quatre de mes poules pour le bien que tu m'as fait. » Ils allèrent, l'homme et le chacal. Quand ils furent arrivés au village, l'homme dit : « Chacal, assieds-toi ici ; je vais chez moi et t'apporterai les poules. » Lorsqu'il arriva chez lui, sa femme n'était pas en bonne santé et était couchée avec une maladie de ventre. On dit à l'homme : « Il n'y a qu'une peau de chacal en fait de remède ; vite, qu'on en cherche une. » Il dit : « Ne faites pas de bruit ; nous nous trouvons en avoir une sous la main. Où [sont] les enfants ? où [sont] les chiens ? Enfants, prenez des bâtons et sortez avec les chiens. Partons tuer le chacal et apportons-le. »

Mais le chacal, depuis le commencement, n'avait pas confiance. Il n'était pas resté assis à l'endroit où l'homme lui avait dit : « Assieds-toi ici, on va t'apporter une poule.» C'est à l'ouest du village qu'on l'avait laissé : le chacal était retourné à l'est à cause de son manque de confiance et il ne faisait qu'épier l'endroit où on l'avait laissé. Il aperçut les chiens et les gens qui encerclaient l'endroit où on l'avait laissé d'abord. Il entendit l'homme dire : « C'est ici que je l'ai laissé, encerclez-[le] afin qu'il ne sorte pas ; frappez-le et tuez-le. » Mais, de l'est, il leur fit : « Eh ! je connais parfaitement l'homme [et] je fuis. Enfants d'Adam, vous n'êtes pas des êtres de confiance. »

Et voilà.

(Conte haoussa de la Nigeria du Nord ; XX, pages 171-181).

* *
*

L'oubli des services rendus.

Depuis longtemps, un chasseur errait dans la brousse sans trouver de gibier. Un jour qu'il était sorti pour aller dans la brousse, il tomba sur un énorme serpent python qui, avec ses neuf petits, était dans une toute petite [flaque d']eau. Il allait décharger son fusil sur le python, quand celui-ci dit : « Ne me tue pas, j'ai besoin de toi ; avance ici près de moi. »

Le chasseur s'avança. Le python dit : « Si tu pouvais me mettre dans une eau profonde, je te donnerais un talisman [qui te permettrait] d'obtenir ce que tu désires. — Voilà trois jours, dit le chasseur, que je n'ai pas vu de gibier de mes yeux ; je ne puis te laisser ainsi. — N'est-ce que cela ? dit le python, ce n'est pas grave !

Transporte-moi dans une eau [profonde] et je te donnerai un talisman grâce auquel même tes petits-fils ne manqueront jamais de gibier. »

Le chasseur fourra le python et ses neuf petits dans sa sacoche, attacha l'ouverture de celle-ci avec sa corde de chasse et mit les serpents sur sa tête. Puis il marcha toute la soirée, passa la nuit et, ayant marché [encore toute] la matinée, finit par atteindre à midi le bord d'un fleuve. Ayant détaché l'ouverture [de sa sacoche], il allait déposer le python et ses petits au bord de l'eau, quand le python dit : « Porte-moi jusque dans l'eau ; sinon, je suis trop fatigué, je ne pourrais pas entrer dans l'eau de moi-même. » Le chasseur le prit avec ses petits et entra dans l'eau. Lorsque l'eau lui arriva aux genoux, il allait les déposer, quand le python dit : « Porte-moi jusqu'à cet endroit là-bas. »

Le chasseur continua jusqu'à ce que l'eau lui fut arrivée aux aisselles et dit : « Tu es maintenant parvenu à [l'endroit] profond, je vais te laisser ici ; à présent, indique-moi mon talisman. » Le python dit : « Ah ! chasseur, depuis hier, moi et mes petits sommes sur ta tête et tu ne nous as même pas donné un petit morceau de viande ; tu sais bien qu'une faim pressante nous tenaille. Je ne puis plus te lâcher, [ni] à plus forte raison t'indiquer le talisman. Je vais t'employer à apaiser ma faim et celle de mes petits. » Le chasseur dit : « Oh ! python, pourrais-tu faire cela ? » Le python dit : « Certes oui, considère-toi comme allant être mangé tout de suite. »

Le chasseur dit : « Avant que tu me manges, je voudrais te poser une question. — Parle, dit le python. — Le prix d'une bonne action, dit le chasseur, est-il une mauvaise action ou une bonne action ? — Le prix d'une bonne action, dit le python, est une mauvaise action. — Je suis en ton pouvoir pour l'instant, dit le chasseur, mais ce [que tu viens de dire] n'est pas vrai ; interrogeons des gens. — Je consens, dit le python, interrogeons des gens ; mais, s'il s'en trouve trois qui disent que le prix d'une bonne action est une mauvaise action, je te mangerai. »

Juste au même moment arriva une très vieille vache, qui penchait sa bouche sur l'eau pour boire. Lorsqu'elle eut bu, le python [lui] dit : « Vache, on demande si c'est une bonne action ou une mauvaise action qui est le paiement d'une bonne action. » La vache dit : « Le paiement d'une bonne action est une mauvaise action. Voici pourquoi je dis cela. Au temps où j'étais une vache vigoureuse, lorsque je revenais du pâturage, on me donnait du son où l'on avait mis du sel, je recevais du mil en grain, on me lavait pour me nettoyer, on me caressait le corps avec la main et le vacher ne me frappait pas qu'il ne fût aussitôt battu. En ce temps-là, je donnais beaucoup de lait et pas une vache ne se trouvait dans le parc-à-bœufs de mon maître qui ne fût de ma descendance. [Maintenant que] j'ai vieilli, [que] je ne peux plus enfanter, [que] je ne donne plus de lait, personne n'a de soins pour moi, on ne me donne rien, on ne me mène pas au pâturage ; à peine l'aube a-t-elle paru qu'on me frappe sur le derrière avec un bâton et qu'on me chasse en disant que j'aille manger ma suffisance [si je la trouve]. C'est ce qui prouve qu'une bonne action est payée par une mauvaise action. »

Le python dit : « Chasseur, as-tu bien

entendu cela ? — Oui, dit le chasseur, je l'ai entendu. »

Un très vieux cheval arriva. Le python [lui] dit : « Cheval, le prix d'une bonne action est-il une bonne action ? ou bien le prix d'une bonne action est-il une mauvaise action ? » Le vieux cheval dit : « Le prix d'une bonne action est une mauvaise action. Voici pourquoi je dis cela. Au temps de ma jeunesse, j'avais trois palefreniers pour moi tout seul ; nuit et jour, du mil était placé à ma portée, du barbotage se trouvait en permanence dans [mon] auge, on mettait du sel dans tout ce que je mangeais, mon fourrage était choisi [avec soin], mon corps était constamment frotté, j'étais orné d'une selle qui n'avait pas sa pareille. En ce temps-là, j'allais sur les champs de bataille ; les nombreux captifs de mon maître, qui sont plus de mille, ont tous été rapportés sur mon dos ; j'ai fait la guerre pour lui pendant neuf ans. Aujourd'hui que j'ai vieilli, on ne fait plus rien pour moi que me mettre une entrave dès le lever du jour et me frapper sur le derrière en disant que j'aille chercher ma suffisance. »

Le python dit : « Chasseur, as-tu bien entendu cela ? Maintenant, je vais te manger, j'ai faim. » Le chasseur dit : « Non, tu avais parlé toi-même de trois personnes ; permets que nous en trouvions une troisième. Si celle-ci à son tour dit la même chose, tu me mangeras. »

Il finissait à peine de parler que le petit lièvre passa au quadruple galop. Le python dit : « Petit lièvre, viens ici. Je dis que le prix d'une bonne action est une mauvaise action ; ce chasseur dit que le prix d'une bonne action est une bonne action : qui a raison ? » Le petit lièvre dit : « Je ne puis parler sans me tromper qu'après que vous aurez d'abord expliqué l'affaire devant moi. »

Le python dit : « Ce chasseur m'a trouvé avec mes neuf petits dans une mare [ne contenant plus que] peu d'eau. Il allait nous tuer. Je [lui] ai dit de ne pas nous tuer, mais d'aller nous mettre dans une eau qui ne tarisse pas. Il m'a fourré ainsi que mes neuf petits dans sa sacoche, a marché nuit et jour avec nous [sur sa tête] et, arrivé ici, nous a déposés sur l'eau du fleuve. Je dis que je vais le manger, parce que voilà deux jours que nous n'avons pas pris de nourriture. »

Le petit lièvre dit : « Frère python, tes paroles sont vraies, à l'exception d'une seule. Tu es mon aîné incontestablement, [pourtant] tu as dit un mensonge. — Lequel ? dit le python. — Toi, si gros, avec tes neuf petits, entrer dans cette toute petite sacoche ? ce n'est pas vrai! — C'est parfaitement vrai, dit le python, nous [y] sommes entrés tous. »

Le petit lièvre dit : « Entrez-[y donc], que je le voie. Si vous pouvez [y] entrer, je saurai que tu as [dit] la vérité. » Le python entra [dans la sacoche] avec ses neuf petits, en laissant le bout de sa queue en dehors. Le petit lièvre dit : « Ça n'y est pas ! ne vous l'avais-je pas dit ? voyez sa queue qui refuse d'entrer! » Le python fit entrer sa queue complètement.

Le lièvre dit : « Chasseur, comment donc as-tu attaché la [sacoche] ? » Le chasseur prit sa corde et attacha solidement l'ouverture de la sacoche. Le petit lièvre dit : « Tu as pu la charger [sur ta tête] à toi seul et marcher ? Charge-la donc, que je te voie [le faire]. » Le chasseur chargea [la sacoche] et se mit à marcher derrière le petit lièvre. Celui-ci dit : « Décharge-toi maintenant ; dégaîne ton grand couteau, coupe ce bâton et frappe le python jusqu'à ce qu'il meure, puisqu'une bonne action se paie par une mauvaise action. » Le chasseur frappa le python jusqu'à ce qu'il fût mort.

Depuis que cela a eu lieu, un chasseur n'a [plus jamais] porté un python lui demandant d'aller le mettre dans l'eau.

(Conte bambara de la région de Bamako ; XXXIII, 3e partie, no 63).

CHAPITRE XVI

ALTRUISME ET PITIÉ

Le plaisir d'obliger qui vous a méprisé.

La gazelle avait incisé ses palmiers pour grimper [dessus afin de récolter le vin de palme]. Le lendemain, la chauve-souris vint la trouver [comme] la gazelle était au sommet d'un palmier et demanda : « Gazelle, donne[-moi] du vin de palme. » La gazelle insulta la chauve-souris : « Avec [ton] nez aplati, tu n'es qu'un excrément d'homme ! vais-je partager mon vin de palme avec toi ? » La chauve-souris lui dit : « Ne m'insulte pas. Contente-toi de me refuser ton vin de palme, car, moi aussi, je suis une personne [comme les autres]. »

La chauve-souris alla là où elle allait [d'habitude] se promener et y coucha un jour. Le lendemain, comme elle retournait à son village, elle se trouva arriver aux plantations comme la gazelle grimpait [à un palmier]. Voilà qu'elle entendit la gazelle qui choquait une calebasse contre le palmier. La chauve-souris [se] dit : « Si je me rends là où elle est grimpée, elle aura déjà bu du vin de palme, alors elle m'insultera sûrement ; il vaut mieux que je commence par attendre au bord d'un creux [d'arbre]. Quand la gazelle sera descendue, alors je passerai. »

Voilà qu'elle entendit la gazelle qui causait avec [quelqu'un] : « Tiens ! [dit-elle,] avec qui cause-t-on là-bas ? Je vais m'approcher, je vais écouter avec qui l'on cause.» Voilà que la chauve-souris entendit le léopard qui disait : « Gazelle, descends, donne[-moi] du vin de palme ; c'est moi, le léopard. » [La chauve-souris pensa :] « Avec moi, elle n'a fait que refuser, mais aujourd'hui la voici aux prises avec le seigneur Léopard. »

La gazelle était prise de peur et tremblait, pensant : « Le léopard me mangera sûrement. » Le léopard dit : « Descends donc ; n'aie pas peur, car je ne te tuerai pas. Donne-moi seulement du vin de palme. »

La chauve-souris se cacha à l'entrée de la plantation. La gazelle descendit, alla prendre une gourde et un gobelet et étendit une natte à terre. Le seigneur Léopard s'[y] coucha, tandis que la gazelle versait du vin de palme et, tout en versant, ne cessait de trembler. La gazelle prit le gobelet, [le] remplit, [le] vida, emplit de nouveau le gobelet une seconde fois et présenta l'anse au léopard. Le léopard prit le gobelet en question et prononça le proverbe : « J'ai déjà mangé deux gazelles, celle [qui] verse du vin de palme [sera] la troisième. »

La gazelle fut effrayée. Tout en tremblant toujours, elle emplit de nouveau le gobelet. La gazelle but, puis elle emplit encore le gobelet et, de nouveau, le léopard [le] prit [en disant] : « J'ai déjà mangé deux gazelles, celle [qui] verse du vin de palme [sera] la troisième. »

La chauve-souris, ayant entendu cela, prit des pagnes, se revêtit des [plus] beaux et se rendit là où ils étaient en train de parler. Le léopard dit : « Toi qui passes, tu ne bois pas ? » La chauve-souris [répondit] : « Si tu me donnes [à boire], alors je boirai. » La gazelle à son tour la pria de s'asseoir, [disant] : « Buvons. » La gazelle emplit encore le gobelet et le prit sans rien dire ; elle l'emplit encore de nouveau. Le léopard, [en le prenant,] fit encore : « J'ai déjà mangé deux gazelles, celle [qui] verse du vin de palme [sera] la troisième. » La gazelle emplit encore le gobelet ; la chauve-souris le prit [et dit] : « J'ai déjà mangé deux léopards, celui [qui] boit du vin de palme [sera] le troisième. »

Le léopard fut effrayé [et dit] : « Qu'est-ce que celui-là vient faire ici ? » De nouveau, le gobelet fut empli ; de nouveau [le léo-pard le] prit [et dit] : « J'ai déjà mangé deux gazelles, celle [qui] verse du vin de palme [sera] la troisième. » [De nouveau aussi, la chauve-souris répéta ce qu'elle avait dit].

De nouveau, le léopard eut peur et dit : « Ils sont deux. Si la gazelle était seule, je l'aurais déjà mangée ; mais il y a là ce seigneur qui **porte** de beaux pagnes : il me tuera sûrement. » [Et] le léopard fit un bond et partit en fuyant.

La chauve-souris dit : « Gazelle, partons à [sa] poursuite. » Elles [le] poursuivirent.

Il alla se réfugier au fond d'un tronc d'arbre creux. La chauve-souris [dit] : « Gazelle, apporte du feu, pour que nous [l']enfumions. » Elles mirent le feu dans [le trou]. Le léopard ressortit par l'autre ouverture. Elles partirent encore à sa poursuite. Il se réfugia de nouveau dans le fond d'une grotte et, de nouveau, elles allumèrent du feu dedans. Le léopard ne put plus trouver le moyen de sortir ; il mourut dans le fond de la grotte.

Elles coupèrent un bâton crochu, saisirent [le léopard] au moyen de ce crochet dans [le fond de la grotte], le tirèrent dehors, le sortirent du feu et le portèrent près des palmiers de la gazelle.

La chauve-souris dit : « Toi, gazelle, me connais-tu ? » [La gazelle] dit : « Non, je ne te connais pas. — C'est moi que tu as insultée à l'occasion de ton vin de palme. — Non, je ne t'avais pas encore vue une [seule] fois . — C'est moi que tu as insultée, disant qu'avec [mon] nez aplati, j'étais un sale excrément, n'est-ce pas ? — Non, ce n'est pas toi, c'est la chauve-souris que j'ai insultée. — C'est moi qui suis la chauve-souris. — C'est

vrai ? — Regarde donc cela [et] dis que
ce n'est pas moi ! »

La chauve-souris s'envola et alla se poser
sous une feuille de bananier, [disant] :
« Gazelle, tu vois ? — En effet, dit [la
gazelle], c'est bien toi. — Vois-tu, gazelle,
sans moi, le léopard t'aurait mangée, toi !
— Ah ! [dit la gazelle,] cesse d'être fâchée
désormais ; car toutes les fois que tu vien-
dras à passer, je [te] donnerai sûrement
du vin de palme ; car tu es une bonne personne : sans toi, le léopard m'aurait mangée, moi. »

> (Fable soundi du bas Congo ; VI,
> pages 83-87).

*
* *

[Un enfant nommé] Ezikamèré, étant
allé aux champs, aperçut un petit oiseau
[dans] son nid et l'attrapa. La mère de
l'oiseau vola jusqu'au champ [et dit] :
« Ezikamèré, donne-moi mon enfant ; il
est un enfant comme tu [en] es [un] toi-
même. »

> (Chant koukouroukou du bas Niger ;
> XXIX, page 86).

L'AME NÈGRE

* *
*

Le couscous de l'aveugle est un couscous noir, un couscous de larmes.

(Chant mossi de Ouagadougou ;
XII, page 221).

CHAPITRE XVII

HOSPITALITÉ ET GÉNÉROSITÉ

Ne méprisez pas l'hôte de passage.

Lorsque le [fleuve] Bandama se prépara à passer [dans son lit actuel], alors il se changea en un petit enfant au corps couvert de dartres. Puis il vint. On était en train de boire du vin de palme. Il alla donc s'asseoir par terre à côté du patriarche. Alors les gens dirent : « Qu'est-ce que c'est que cette espèce de petit enfant ? » Il dit : « Je viens boire du vin de palme. »

Alors il lui donnèrent un peu de vin de palme. Puis ils prirent le gobelet du patriarche, y versèrent du vin de palme et dirent au petit enfant : « Ne bois pas. » Il dit : « Pourquoi ? » Alors ils dirent : « Il y a des dartres sur ta bouche. » Il dit : « Bien. » Alors un homme lui en donna encore, et il but.

Puis, la nuit arrivée, il dit à [cet] homme : « [Pour] toi seul uniquement, ne [le] dis à personne absolument, mais sauve-toi, va-t-en très loin, ne reste pas près d'ici. Cette nuit même, quelque chose va avoir lieu ici : ceux-là qui se sont montrés avares envers moi, je vais les tuer. »

Alors l'homme quitta sa maison, partit et alla s'installer au loin. Puis, tous ceux-là qui étaient sur [l'emplacement du] village, [et] qui s'étaient endormis à la nuit, cessèrent de dormir tout à coup en entendant un grand bruit. Ils entendirent tous les êtres, les pierres, les bêtes d'eau... Puis l'eau passa sur leur village, elle recouvrit tout le pays en un moment.

(Légende baoulé de la Côte d'Ivoire ; IX, pages 165-166).

*
* *

La meilleure hospitalité.

Voici ce qui est arrivé ici ; cela arrivera [ou] n'arrivera pas [de nouveau] : c'est un conte.

Il est arrivé ici qu'un étranger, homme

de bien et d'importance, était descendu chez un autre homme. Ce dernier l'accueillit, mais il y avait [quelque chose] qui manquait dans sa façon de faire. Il prit pour lui un bœuf châtré de trois étés et le tua pour lui.

Après être resté longtemps [chez cet homme], le premier lui fit ses adieux, continua [sa route] et alla jusqu'à ce qu'il arrivât à la maison d'un autre homme. Il y descendit. Il s'aperçut que, celui-ci, c'était un pauvre qui ne possédait rien, si ce n'est une chèvre, une chevrette et une demi-mesure de mil. [Ce pauvre et sa famille] l'accueillirent et déployèrent pour lui [une natte]. Il était assis depuis longtemps, [quand] il entendit la femme de cet homme dire à celui-ci : « Nous autres, nous n'avons rien, si ce n'est la petite chèvre et sa chevrette ; en dehors de cela, il n'y a que la demi-mesure de mil que tu connais. » Le mari dit à sa femme : « Puisqu'il se trouve qu'il n'y a que cette demi-mesure, mouds[-la] ; quant à moi, je vais amener la chèvre [et] je l'égorgerai pour lui. » Alors, au bout d'un petit instant, il fit sortir la chèvre [du bercail] et se disposa à l'égorger pour l'étranger.

Celui-ci lui dit : « Ne [l']égorge pas. Moi, je ne mange rien, si ce n'est du mil seulement. La viande, c'est mon tabou ; elle m'est interdite. Même si [c'est] de la viande de bœuf, je n'[en] veux pas [manger] avant que cette lune soit passée. » L'autre lui fit une nouvelle salutation de bienvenue et dit à la femme : « S'il est ici, celui-là, pour longtemps encore, qu'il ne sache pas que nous sommes dépourvus ainsi. »

L'étranger demeura là jusqu'à ce que ses affaires fussent arrangées, [puis] il partit.

Plus tard, lorsqu'il fut revenu auprès de tous les gens de sa famille, il leur dit : « Pour ce qui est de moi, je suis descendu chez quelqu'un [qui] a tué pour moi un bœuf : celui-ci a été mauvais avec moi ; je suis descendu chez un autre [qui] a fait pour moi un brouet clair : celui-là, c'est un homme de bien. »

(Conte toucouleur du Foûta Séné-
galais ; XV, page 224.)

L'AME NÈGRE

* * *

Contre la tupidité et l'avarice.

On dit que l'oiseau [appelé] veuve avait de l'or sur sa queue. Le léopard dit qu'il allait prendre cet or, l'oiseau dit qu'il ne voulait pas.

Le léopard appela tous les oiseaux [qui vivent] sous la forêt et les oiseaux arrivèrent. Il appela toutes les bêtes [qui vivent] sous la forêt : les escargots et les tortues dirent qu'ils n'iraient pas [à son appel]. Le léopard dit : « S'ils ne peuvent pas marcher, je vais les mettre dans une hotte. » Et il les mit dans une hotte et on les porta tous. On mit tous les animaux dans une maison. L'oiseau [veuve] dit qu'il n'entrerait pas dans la maison.

Le léopard dit : « Je suis mort ! » [et fit semblant de mourir]. On lui donna une matchette pour qu'il coupât là queue de l'oiseau, [mais] l'oiseau dit : « Je n'entrerai pas dans la maison ; d'ailleurs, quand quelqu'un est mort, il n'a pas de matchette. »

La petite antilope rouge alla prendre du poivre, [le] fit griller [et le mit] à l'intérieur de [son] pagne, puis elle vint auprès du léopard et dit : « Hélas ! mon père est mort ! je vais m'asseoir à côté de sa tête. » Le léopard éternua [sous l'action du poivre] et se leva : l'oiseau s'enfuit.

Le léopard dit : « Toutes choses, même chose » [et] il tua tous les animaux. La petite antilope rouge dit : « Je t'ai donné quelque chose [grâce à quoi] tu es ressuscité, donne[-moi] ma part [de la chair des animaux]. » Le léopard donna à l'antilope sa part. L'antilope dit : « Je vais faire un tour à mon village et revenir ; viens, allons tous deux. Mais je ne prends pas le même chemin [que toi]. »

L'antilope partit en avant [par le chemin que devait suivre le léopard, après avoir fait semblant d'en prendre un autre]. Elle disposa des pièges sur le chemin du léopard, passa derrière les pièges et s'assit. Le léopard arriva et il ne vit pas les pièges, qui attrapèrent le léopard.

L'antilope dit : « Ne t'avais-je donc pas dit de me donner de la viande ? La viande

[que] tu m'as donnée, elle n'était pas copieuse ! C'est pourquoi je vais te tuer, afin que ma viande soit plus abondante. » Le léopard dit : « Je te demande pardon, laisse-moi [aller] ! » L'antilope dit : « Je ne veux pas. Prends un couteau, tue-toi toi-même. Si tu ne te tues pas toi-même, je vais [te] tirer un coup de fusil. »

Au moment de manier le couteau, le léopard eut peur. L'antilope dit : « Vite ! vite ! tue-toi ! » Et le léopard se tua et l'antilope prit le léopard et le mangea.

(Fable né ou néyo du bas Sassandra, Côte d'Ivoire ; XXVIII, pages 138-139).

CHAPITRE XVIII

DISCRÉTION

L'indiscret cause sa propre perte.

Un jour, Monsieur Hyène, Monsieur Chien, Monsieur Bœuf, Monsieur Crapaud, Monsieur Liane-froide [1] allèrent défricher leur forêt. Monsieur Hyène dit : « Nous allons changer [de nom et prendre] des noms nouveaux. » Pour ce qui est du nom de l'hyène elle-même, on l'appela « Le-forgeron-à-qui-l'on-ne-serre-pas-la-main ». Celui de Monsieur Bœuf fut « Gros-Kofi ». Celui de Monsieur Chien fut « Maître-chien-Dibo [2] ». Celui de Monsieur Crapaud fut « Très-long-appel-*po* [3] ». Celui de Monsieur Liane-froide fut « Maître-liane-traîne-bien-à-terre ».

1. Surnom du serpent.
2. Kofi et Dibo sont des prénoms d'hommes.
3. Allusion au cri du crapaud, rendu ici par la syllabe *po*, et qui ressemble à un appel dans la nuit.

Puis ils dirent : « Posons en loi que, nous tous qui avons changé de nom ici, nous n'allions pas [en] parler [ni le] révéler aux femmes. Celui-là qui ira en parler au village [et le] révéler aux femmes, nous [le] soumettrons à l'épreuve sacrée. »

Ensuite Monsieur Chien dit : « Je vais sur le bois [1]. » Aussitôt il courut et alla dire aux femmes : « Nous avons changé de nom dans la brousse. » Alors les femmes dirent : « Comment vous appelle-t-on ? » Le chien dit : « On m'appelle Chien-Dibo, on appelle le bœuf Gros-Kofi, on appelle l'hyène Le-forgeron-à-qui-l'on-ne-serre-pas-la-main, on appelle le crapaud Très-long-appel-*po*, on appelle la liane-froide Liane-traîne-bien-à-terre. Mais donnez-moi de la nourriture avec de la viande, que je mange. » Alors les femmes lui [en] donnèrent. Puis elles prirent de la nourriture pour aller [la] porter aux plantations. Aussitôt le chien courut en prenant les devants sur elles.

Ensuite les femmes atteignirent le lieu [où leurs maris travaillaient] et elles dirent :

1. Expression polie pour dire que l'on va satisfaire ses besoins.

« Monsieur Gros-Kofi, salut ! Monsieur Le-forgeron-à-qui-l'on-ne-serre-pas-la-main, salut ! Monsieur Chien-Dibo, salut ! Monsieur Liane-traîne-bien-à-terre, salut ! Monsieur Très-long-appel-*po*, salut ! » Alors l'hyène dit : « Qui est allé dire [nos] noms au village ? » Ils dirent : « Personne n'est allé au village, mais le chien est allé sur le bois. » L'hyène demanda au chien : « C'est toi qui es allé dire ces noms au village ? » Le chien dit : « Ce n'est pas moi. » Alors ils dirent : « Allons faire l'épreuve sacrée ! » Et ils allèrent au village.

Ils allèrent casser du bois et allumèrent du feu. Puis tous dirent : « Ce grand feu que nous venons d'allumer ici, nous allons sauter par-dessus ; celui qui est allé dire les noms au village, qu'il tombe dans le feu ! »

Alors Monsieur Bœuf vint et sauta par-dessus sans que le feu le brûlât. Monsieur Hyène dit : « Si c'est moi qui suis allé dire ces noms au village, que je tombe dans le feu ! si ce n'est pas moi, que je saute par-dessus ! » Et l'hyène sauta par-dessus sans que rien la brûlât. Puis Monsieur Crapaud fit de même sans être brûlé. Monsieur Liane-froide également fit ainsi à son tour sans être brûlé.

Alors ils dirent : « Monsieur Chien, viens [le] faire [à] ton tour. » Aussitôt il leur dit : « Regardez les colporteurs ! » et tout de suite, [pendant qu'ils détournaient leurs regards pour découvrir ces colporteurs imaginaires,] il tourna autour du feu. Alors ils dirent : « Nous ne l'avons pas vu. » Alors il revint, disant qu'il allait sauter par-dessus le feu, mais il tomba dans le feu.

C'est pourquoi le chien qui va mourir recourbe ses pattes en les amenant sur son corps : il dit [par là que] sa fin a été causée par lui-même.

(Fable baoulé de la Côte d'Ivoire ; IX, pages 174-175).

*
* *

Malheur à qui ne sait pas tenir sa langue.

Un homme partit avec son chien et alla dans la campagne pour chercher son gibier. Alors il se mit à marcher et à marcher encore. Tout à coup, il vit des abeilles en haut d'un arbre mort. Alors il mania son *kpakassa* [1] et du feu s'alluma ; il fit sa bottelette de paille, y mit le feu et monta avec elle au faîte de l'arbre jusqu'aux abeilles. Alors il se mit à recueillir le miel. Il le recueillait, lorsque [sa] hache lui [échappa et] tomba à terre.

Alors il dit : « Hélas ! si ce chien était un être humain, il me rapporterait ma hache. » Le chien prit la hache et monta avec elle jusqu'à lui au faîte de l'arbre. Alors cet homme recueillit tout le miel. [Quand] ce fut fini, il descendit à terre.

Le chien lui dit : « Ce que je vais te révéler, ne [le] révèle à personne absolument. » Alors cet homme fut instruit [par le chien] du langage de tous les animaux et fut instruit du langage de tous les oiseaux et insectes de toute la terre. Le chien lui dit : « Maintenant, tu connais le parler de tous les êtres ; ne révèle [cette chose] à personne au monde : si tu [la] révèles à quelqu'un, tu mourras. » Alors il promit [de faire] ainsi.

Il connaissait le parler de tous les oiseaux ;

1. Appareil composé de deux pièces de bois, d'essences spéciales, dont le frottement, opéré d'une façon déterminée, enflamme l'une d'elles.

ce qu'un oiseau se mettait à exprimer [par son chant], il le comprenait entièrement.

Il continua sa route avec ce [secret]. Le père de sa femme lui envoya un message pour qu'il vînt lui tresser les cheveux. Il partit, arriva chez son beau-père et passa la nuit. Le matin, dès que le jour parut, son beau père lui dit : « Je t'ai envoyé un message pour que tu vinsses tresser mes cheveux. » Et il lui dit de les défaire vite et de les tresser.

Alors il les défit tous. Quand ce fut fini, il se mit à les tresser et tresser encore. A ce moment là. de grosses fourmis étaient en train de transporter des termites dans [leur] fourmilière. L'une [d'elles] tomba soudain, avec un termite [dans] sa bouche. Une autre l'interpella, disant : « Eh ! d'être tombée ainsi, tu ne t'es pas cassé le cou ? » La première lui dit : « Mon cou n'est pas cassé, mais le cou du termite s'est cassé. » Alors cet homme qui tressait les cheveux de son beau-père entendit cela et se mit à rire.

Son beau-père dit : « Tu ris de moi ? » Il dit : « Je ne ris pas de toi ; c'est seulement pour une petite affaire qui m'est personnelle que je ris. » Son beau-père dit : « [Si] tu ne [me la] révèles pas, tu n'emmèneras pas ma fille [1]. » Le mari de sa fille lui dit : « Mon beau-père, c'est une chose que je ne puis pas te révéler sans mourir. » Alors son beau-père lui dit : « Puisque tu me la caches, tu n'emmèneras jamais plus ma fille. »

Alors cet homme passa la nuit. Le matin, dès que le jour parut, il se décida à dévoiler le secret du chien. Alors, tandis qu'il dévoilait tout le secret du chien, voilà qu'il mourut.

(Conte zandé du haut Ouellé, Congo Belge ; XIX, pages 243-245).

* * *

La parole [qui] est dans ton ventre, c'est l'enfant de ta mère ; une fois sortie de ta bouche, c'est [seulement] l'enfant de ton père [2].

(Maxime bârma du Baguirmi ; XIV, page 52).

1. Chez beaucoup de populations noires, l'épouse retourne chez ses parents après le mariage et il faut que le mari vienne la redemander au beau-père.

2. Les frères de même mère sont seuls considérés comme étant véritablement frères.

L'AME NÈGRE

***

Les mouches ont des oreilles.
La nuit a des oreilles.

> (Proverbes massaï du Kénia, Afrique
> Orientale ; XVIII, page 238).

***

Si l'abondance de paroles est de l'argent,
le silence est de l'or.

Qui se tait échappe [au danger].

Ta langue est ton lion : si tu la lâches,
elle te dévore.

> (Maximes haoussa de la région de
> Sokoto ; XX, pages 288 et 289).

CHAPITRE XIX

BON SENS ET OBSERVATION

Le charbon se moque de la cendre.

Les évènements vont comme les jours.

Ce n'est pas seulement que j'aie de la chance, dit l'hyène, j'ai [aussi] le pied léger.

Ce sont les montagnes qui ne se rencontrent pas.

On débute en fou et l'on continue en sage.

(Proverbes massaï du Kénia ; XIII, pages 239, 240, 241 et 243).

*
* *

Les larmes ne se connaissent pas sous la pluie.

Si, dans ton irritation, tu répands [à terre] les graines d'éleusine dont [ton] panier était rempli, avant que tu aies fini de les ramasser, ta colère sera calmée.

Si tu entends [dire] : « Restons assis »,
[tu peux être] sûr que celui dont le derrière
est à l'entrée d'une fourmilière n'est pas
de ceux-là [qui l'ont dit].

Lorsque le bras du singe est trop court
pour [atteindre le fruit de] la liane gohine,
il dit qu'il est acide.

> (Proverbes bambara de la région de
> Bamako ; XXXIII, 2e partie).

****

Lorsqu'une aiguille tombe dans un puits
profond, ceux qui regardent [d'en haut]
dépassent en nombre ceux qui descendent
[la chercher].

On regrette celui avec lequel on se dis-
putait.

> (Proverbes toucouleurs du Foûta
> Sénégalais ; XV, pages 307 et
> 321).

****

Si tu as de l'argent, tout le monde t'en
donnera ; si tu n'as pas d'argent, personne
ne t'en donnera.

L'AME NÈGRE

La faim fait d'un jeune homme un vieillard, un ventre plein fait d'un vieillard un jeune homme.

> (Proverbes haoussa de la Nigeria du Nord ; V, pages 8-9 et 7).

*
* *

Un pauvre qui se brouille avec le travail se brouille avec sa famille.

Il n'y a pas de chemin [conduisant] à l'arbre qui ne donne pas de fruits.

Il y a trois choses qui soutiennent le monde : faire pousser [le grain], puis [le] récolter et [le] manger.

Qui est bien élevé est né.

> Proverbes ouolofs du bas Sénégal ; II, pages 389, 373, 383 et 387).

*
* *

Ce qui fait pleurer l'un fait rire l'autre.

Qui a le ventre fendu ne se soucie pas de [savoir si] le mil sera beau cette année.

> (Proverbes bambara de Ségou ; XXXIII, 2e partie).

L'AME NÈGRE

* *
*

L'homme peut marcher lentement ; malgré cela, son esprit va vite.

L'herbe sèche fera brûler l'herbe humide.

Une hyène peut gâter toutes les hyènes.

>(Proverbes ouolofs du bas Sénégal ;
>XXIV, page 155).

* *
*

Un seul singe ne peut gâter le nom des singes.

>(Proverbe peul du Massina ; texte
>inédit recueilli et communiqué
>par le capitaine Figaret).

* *
*

La crainte du léopard [fait] la force du léopard.

Celui qui tousse ne peut faire le guet.

On cherche un pou au sommet de la tête, on le trouve au milieu de la joue.

[Quand] le grillon ne fait pas de bruit, [c'est qu']il creuse un trou.

Pousser des cris ne tue pas l'oiseau de proie.

Le sot casse son couteau et dit qu'il a deux couteaux.

Les yeux ne voient pas les oreilles.

(Proverbes ibo du bas Niger ; XXX, pages 4, 13, 15, 18, 19, 22 et 31.)

*
* *

Rester une journée avec un riche vaut mieux que [rester] une année avec un pauvre.

Une journée de prospérité vaut mieux qu'une année de misère.

Si quelqu'un a des ennemis, c'est à cause de ses biens.

[Coucher sur] une petite natte vaut mieux que coucher par terre.

Aller soi-même vaut mieux qu'envoyer [quelqu'un].

Un œuf dans la bouche vaut mieux qu'une poule dans le poulailler.

Cent en poche vaut mieux que mille en espérance.

(Proverbes haoussa de la région de Zinder ; XX, pages 284, 283, 289 et 290).

L'AME NÈGRE

*
* *

Un petit enfant vit une fois un homme aveugle qui portait sur son dos un lourd fagot de bois et avait dans sa main une lampe qui était allumée. Il s'approcha de lui et se mit à rire de lui. Le petit enfant lui dit : « Par Dieu, tu es un sot ; tu portes sur toi une lampe [et] tu sais que tu ne vois pas ! » L'aveugle lui répondit aussitôt : « O enfant, je porte sur moi une lampe pour avertir les gens distraits afin qu'ils ne me heurtent pas. »

(Fable songoï de Tombouctou ; XVII, page 63).

———

CHAPITRE XX

SAGESSE

Je suis riche, je mourrai ; tu es pauvre, tu mourras.

> (Chant mendé du Sierra-Leone ; XXI, page 270).

* * *

Tout homme sent le cadavre.

> (Proverbe ouolof du bas Sénégal ; II, page 376).

* * *

Désirer ce qu'on n'a pas le droit d'exprimer équivaut à [se le] faire refuser. Refuser ce qu'on ne peut empêcher équivaut à [le] désirer.

Deux choses font du bien en ce monde : la sagesse et la vertu. La sagesse consiste, quand on mange, à se lever [de table] avant d'avoir apaisé sa faim ; la vertu consiste, quand on boit, à laisser [la boisson] avant d'avoir apaisé sa soif.

Qui passe par [tout] ce qu'il désire gâte sa dignité. Qui va [partout] où il a envie d'aller gâte sa dignité. Qui dit [tout] ce qu'il sait gâte sa dignité. Celui dont les désirs sont nombreux a peu de dignité. Qui méprise sa condition amoindrit sa dignité.

(Maximes ouoloves du bas Sénégal ; II, pages 387 et 388, 375 et 376, 388 et 377).

*
* *

Le noble qui fréquente les gens de peu est lui-même inférieur aux gens de peu.

Les chameaux ne se moquent pas réciproquement de leurs bosses.

(Maximes toucouleures du Foûta Sénégalais ; XV, pages 317 et 320).

*
* *

Rien ne s'obtient sans rien.

(Maxime bârma du Baguirmi ; XIV, page 51).

*
* *

Qui laboure au soleil mangera à l'ombre.

(Maxime ibo du bas Niger ; XXX,
page 13).

*
* *

En injuriant autrui, tu dis ce que tu
es.

Mets [ta] peine dans ton ventre, cela
vaut mieux que la venger.

(Maximes ouoloves du bas Sénégal ;
II, page 390 et XXIV, page 155).

*
* *

La grande hyène dit que l'on doit s'habituer à marcher sur trois pattes, afin
d'être en mesure pour un jour à venir [de
se passer de la quatrième si elle vient à
manquer].

Le nom de celui qui ne se connaît pas
lui-même est « meurtrier de soi-même ».

C'est à celui qui a un morceau de viande
de s'approcher de celui qui a de la braise.

L'AME NÈGRE

Si quelqu'un n'a pas de mère, il tette le sein de sa grand-mère.

> (Maximes bambara de la région de Bamako ; XXXIII, 2e partie).

***

Une double maison est un remède contre l'incendie.

Si tu vois la barbe de ton frère prendre feu, arrose d'eau la tienne.

Si tu ne connais pas le caractère d'un homme, ne demeure pas avec lui.

> (Maximes haoussa de la Nigeria du Nord ; V, pages 8 et 9).

***

Marcher lentement [fait] dormir loin.

L'homme patient continue à faire cuire une pierre jusqu'à ce qu'il puisse [en] boire le bouillon.

> (Maximes haoussa du Territoire du Niger ; XX, pages 283 et 284).

CHAPITRE XXI

PLAISANTERIE

L'enfant malin.

Un homme donna des cauries à son fils, en lui disant : « Va nous acheter une tête de mouton chez les marchands de choses cuites. » Le petit enfant courut l'acheter et mangea ce qu'il y avait dessus en fait de viande. [Quand] il revint chez son père, le crâne était nu. Son père lui dit : « O sot ! qu'est-ce que cela ? » Il lui dit : « Mon père, c'est une tête de mouton. » Le père lui dit : « Où sont ses yeux ? » Il dit : « Il était devenu aveugle. » Le père dit : « Où est sa langue ? » Il lui dit : « Il était devenu muet. » Le père dit : « Où sont ses oreilles ? » Il lui dit : « Il était devenu sourd. » Le père lui dit ! « Où est la peau de la tête ? » Il lui dit : « Mon père, ce mouton avait eu la pelade. »

(Conte songoï de Tombouctou ;
XVII, pages 66-67).

L'AME NÈGRE

* * *

A menteur, menteur et demi.

La saison des pluies arrivée, un homme et son fils travaillaient ensemble dans leur champ. Un jour, il arriva que le père, étant fatigué, dit à son fils : « Séri, pioche [la terre] jusqu'à ce que je revienne ; je vais m'absenter [1]. »

Le père alla s'asseoir sous un grand arbre et y resta depuis le matin jusqu'au début de la soirée. Quand il fut revenu, son fils lui dit : « Papa, qu'as-tu fait depuis ce matin jusqu'à maintenant ? » Le père dit : « J'étais assis au pied d'un grand arbre, j'ai levé mes yeux pour regarder en l'air, j'ai aperçu sur l'arbre cent forgerons en train de fabriquer du fer, dont pas un ne pouvait distinguer les autres [tellement ils étaient éloignés les uns des autres]. »

Le fils ne dit rien [et] tous deux partirent à la maison.

1. Littéralement « je vais aller derrière le fromager » expression polie pour dire qu'on va satisfaire ses besoins.

L'AME NÈGRE

Le jour s'étant levé, ils retournèrent à leur champ. Le fils dit : « Papa, je vais m'absenter. » Il alla s'asseoir jusqu'au début de la soirée. Le père eut peur [qu'il ne fût arrivé quelque chose à son fils], il entra dans la brousse pour chercher son enfant et l'aperçut. Séri, dès qu'il entendit le bruit des pas de son père, leva ses yeux pour regarder en l'air. Le père dit : « Séri, que t'est-il arrivé ? depuis le matin jusqu'à maintenant tu regardes en l'air ? »

Le fils dit : « Papa, depuis le matin, je vois passer le bec d'un oiseau ; jusqu'à présent, je n'ai pas encore vu l'oiseau lui-même. » Le père dit : « Eh bien ! en quel endroit ira donc se poser cet oiseau ? » Séri dit : « Eh bien, papa, c'est sur l'arbre dont tu as parlé hier qu'il ira se poser ! »

(Conte bambara de la région de Ségou ; XXXII, pages 268-270).

*
* *

Le mauvais commissionnaire.

Il y avait une femme qui avait un fils, mais celui-ci était dépourvu d'intelligence et n'était pas rusé comme certains jeunes garçons.

Une fois, sa mère lui ordonna d'aller lui acheter une aiguille. Il alla acheter l'aiguille, puis rencontra un jeune garçon avec un sac en vannerie rempli de son. Il dit au jeune garçon : « Où vais-je mettre cette aiguille ? » L'autre lui dit : « Mets-la dans le son », et il l'[y] mit. Quand ils furent arrivés près de chez eux, il demanda au jeune garçon où [était] son aiguille. Le jeune garçon dit : « Cherche dans le son. » Il chercha, ne trouva pas l'aiguille et alla à la maison. Quand il arriva, sa mère lui dit : « Où [est] l'aiguille ? » Il dit : « J'ai rencontré un jeune garçon qui avait un sac en vannerie rempli de son ; je lui ai dit « où vais-je mettre l'aiguille ? » ; il m'a dit « mets[-la] dans le son » ; mais, quand nous avons été près de la maison, j'ai cherché dans le son et je n'ai [rien] trouvé. » Sa mère lui dit : « Toi, tu n'es pas rusé ! pourquoi ne l'as-tu, pas mise dans la manche de ta blouse pour me [l']apporter ? Si tu vas acheter une aiguille, mets-la dans la manche de ta blouse. »

Après qu'ils furent restés tranquilles [un certain temps], elle lui ordonna d'aller

lui acheter bien vite du beurre et lui dit :
« Cours et reviens en courant. » Ainsi
partit-il en courant, acheta le beurre, le
mit dans la manche de sa blouse et courut.
Mais, dès qu'il se mit à courir, le beurre
se mit à fondre et à tomber par terre, si
bien que, lorsqu'il arriva, il n'apportait
qu'un petit peu de beurre. Sa mère lui
dit : « Où [est] le beurre ? » Il dit : « Le
beurre a fondu, il n'y [en] a qu'un peu sur
ma manche. » Alors sa mère se mit en colère,
le maltraita et dit : « Pourquoi ne [l']as-tu
pas mis dans un pot pour me [l']apporter ?
Si tu vas de nouveau [en chercher], mets
[-le] dans un pot, ferme-le pot avec soin
et apporte[-le] moi. »

Après qu'ils furent restés tranquilles
quelques jours, sa mère lui dit d'aller chercher un petit chien chez ses amis. Il partit
donc, salua les maîtres de la maison et leur
dit : « Ma mère m'a envoyé prendre un
petit chien. — Bien ! » dirent-ils. Quand
ils [le] lui eurent donné, il [le] mit dans un
pot et ferma avec soin l'ouverture du pot.
Quand il arriva à la maison, sa mère dit :
« Où [est] le chien ? » Il dit : « Il est dans
le pot. » Alors sa mère dit : « N'a-t-il pas

crié quand tu l'as mis dedans ? » Il dit :
« Si, il a crié ; je pensais qu'il était content. »
Lorsque sa mère ouvrit le pot, elle trouva
le chien mort et dit : « Toi, tu es un idiot ! »
Mais il dit : « C'est toi qui m'as expliqué
que, si j'allais chercher quelque chose, il
fallait [le] mettre dans un pot ; ainsi donc
ai-je fait. » Elle lui dit : « Il eût mieux valu
lui mettre une corde au cou et lui dire :
viens ! viens ! »

Or un matin, il alla acheter un gigot de
chevreau. Mais, lorsqu'il fut allé acheter
le gigot de chevreau, il attacha le gigot
avec une corde et se mit à le traîner en
disant : « Viens ! viens ! » Dès que les chiens
entendirent cela, ils se mirent à courir
après lui et ils dévorèrent le gigot. Il ne
traînait [plus] que l'os en arrivant à la
maison. Sa mère dit : « Où [est] la viande ? »
Il dit : « La voici. » Elle dit : « Toi, tu es
stupide ! » Elle ajouta : « Est-ce ceci que
tu appelles de la viande ? un vieil os ! » Il
dit : « C'est toi qui m'avais ordonné [de faire
ainsi]. » En présence de cela, elle dit : « Je ne
continuerai pas à te donner des ordres ! »

(Conte haoussa de la région de
Kano ; XXV, pages 125-126).

*
* *

Farces.

Deux hommes adonnés au sommeil se rencontrèrent. L'un demanda : « Mon ami, où vas-tu ? » L'autre dit : « On m'a chassé parce que je dormais trop. » Puis il dit : « Et toi, où vas-tu ? » Le premier dit à son tour : « Parce que je dormais trop, on m'a chassé. » Celui qui avait parlé d'abord dit : « Asseyons-nous ici. »

Lorsqu'ils se furent assis là, [le premier] s'endormit. Alors un python vint, qui l'avala. Le python s'en fut au bord de l'eau et un crocodile à son tour l'avala. Alors arriva un « léopard d'eau »[1] qui, à son tour, avala le crocodile. Puis, un chasseur qui passait arriva et vint tuer le « léopard d'eau ». On vint dépouiller celui-ci et on y trouva le crocodile ; on retira le crocodile, qui fut dépouillé à son tour ; on y trouva le python, qui fut dépouillé à son tour ; on y trouva l'homme. Celui-ci

1. Animal fantastique qui passe pour ressembler au léopard et pour vivre habituellement dans l'eau.

se frotta vigoureusement et dit : « J'ai failli dormir. »

Puis il s'en retourna, se dirigeant vers l'endroit où était son compagnon. Quand il y fut, il trouva qu'on avait débroussaillé le sol ; on avait même mis le feu [aux broussailles]. Comme on s'était mis à piocher, le compagnon fut écorché par un coup de pioche. Alors il se frotta et dit : « J'ai failli dormir. »

(Conte timné du Sierra-Leone ; XXXI, pages 1-2).

***

Simplicité.

Un homme dont le nom était Abarnakat voyageait avec ses compagnons. Un cordon rouge était attaché à son cou et il avait une couverture rouge et un âne. Il attachait son âne à son pied et étendait sa couverture pour dormir.

Un jour qu'il dormait, l'un de ses camarades se leva, détacha le cordon de son cou, l'attacha à son propre cou, souleva doucement [Abarnakat] pour [retirer] la couverture rouge, détacha l'âne, alla sous un arbre, étendit la couverture et attacha l'âne à son pied.

Lorsqu'Abarnakat s'éveilla et qu'il vit cet homme, un cordon rouge attaché à son cou, l'âne attaché à son pied et lui-même couché sur la couverture rouge, il dit : « Cette personne est Abarnakat ; et moi, qui suis-je ? » [Et] il se leva en pleurant.

(Conte songoï de Tombouctou ;
XVII, pages 75-76).

*
* *

Le petit de l'hyène, ayant ramassé un os, alla [le] montrer à sa mère. Celle-ci dit : « Est-ce que ton père l'a vu ? » Le petit dit : « Il [l']a vu. » Sa mère dit : « Si ton père l'a vu, tu peux [le] jeter : il n'y a [plus] rien du tout après. »

(Fable peule du Massina ; texte
inédit recueilli et communiqué
par le capitaine Figaret).

CHAPITRE XXII

JEUX D'ESPRIT

Un jour, une hyène vint trouver des gens qui avaient égorgé une vache. Elle dit : « Donnez-moi de la viande en cadeau. » Ils dirent qu'ils ne [lui en] donneraient pas, à moins que l'hyène ne comptât devant eux jusqu'au terme de dix sans dire un.

L'hyène réfléchit un peu et dit : « Si je compte jusqu'au terme de dix sans avoir dit un, j'aurai de la viande ? » Ils dirent : « Tu [en] auras. »

· Elle dit : « Deux chèvres et [une] poule, regardez si [cela] ne fait pas dix [pattes]. » Ils dirent : « Cela [fait] dix. » Ils lui donnèrent de la viande. Elle passa [son chemin].

Ainsi c'est le malin qui goûte la victoire.

(Fable foula du Foûta Diallon ; I, page 307).

L'AME NÈGRE

*
* *

C'est Dieu qui le peigne quand il est dépeigné. — Le ronier [1].

Elle a une queue et ne l'agite pas. — La cuiller.

Il vole et ne se pose jamais. — Le vent.

Elle flambe et ne s'éteint pas. — La lune.

C'est du coton [dont les coques] se fendent dans le ciel et que personne ne récoltera jamais. — Les étoiles.

Trois enfants d'une même mère sont en communauté et ne se toucheront jamais. — Les trois pieds d'une marmite.

Ce sont eux qui donnent la fortune [et] sur aucun il ne pousse de poils. — Le pied, le talon et la langue [2].

(Énigmes ouoloves du bas Sénégal ; II, pages 379-381).

1. Palmier à feuilles chevelues : Borassus flabelliformis.

2. Le pied parce qu'il transporte le commerçant dans ses voyages, le talon parce qu'on s'assied dessus au cours des visites faites aux personnages puissants la langue parce que le succès va aux beaux parleurs.

*
* *

Tête en terre, seins en bois, pieds en fer : il n'a pas de vie, il respire. — C'est un soufflet de forge.

> (Énigme peule du Massina ; texte inédit recueilli et communiqué par le capitaine Figaret).

*
* *

J'ai ici un bouc ; quand tu l'attaches à l'intérieur d'une maison, sa barbe trouve moyen de sortir à l'extérieur, — Cela, c'est le feu : quand tu [l']allumes à l'intérieur d'une maison, la fumée sort à l'extérieur.

J'ai ici des petits enfants ; ils passent la journée debout l'un avec l'autre, ils passent la nuit debout l'un avec l'autre, mais ils ne se touchent pas. — Cela, ce sont les cornes d'une vache, ou les berges d'un fleuve.

J'ai un pagne : s'il a été porté, il est neuf ; s'il a été plié et mis de côté, il est hors de service. — Cela, c'est un sentier.

J'ai ici quatre sacs en cuir : je peux les vider, mais je ne pourrais pas les remplir. — Cela, ce sont les mamelles d'une vache.

Non arrivé à maturité, il est permis [de le manger] ; devenu mûr, il est interdit ; devenu vieux, il est de nouveau permis [de le manger]. — Cela, c'est un œuf de poule [1].

(Énigmes toucouleures du Foûta Sénégalais ; XV, pages 322-325).

***

J'ai fait courir et courir mon cheval ; en revenant, je n'ai pas aperçu ses traces. — Les traces de la marche d'un bateau se voient-elles sur l'eau ?

Il s'agit d'une petite chose qui donne l'oubli à tous les vivants. — Le sommeil.

J'ai fait sortir le troupeau des moutons blancs de mon père et je les ai éparpillés ; avant que le jour paraisse, ils ont tous disparu à mes [regards]. — Les étoiles.

1. Mangeable quand il est frais ou quand il s'est transformé en poulet, mais non entre ces deux états.

L'AME NÈGRE

Il s'agit d'un petit garçon qui, à peine sorti de sa chambre à coucher, est aperçu de tous les vivants. — Le soleil.

Une boule de farine a blanchi l'eau du fleuve. — La lune.

Un poulailler rempli de petites poules blanches. — La bouche remplie de dents.

Il s'agit d'un petit garçon qui vient vêtu d'une blouse de pierre. — C'est une tortue.

Il s'agit d'un petit garçon qui frappe tout le monde sans que personne pourtant ne le voie. — C'est le vent.

(Énigmes bambara de la région de Bamako ; XXXIII, 2e partie).

LISTE BIBLIOGRAPHIQUE

des ouvrages dans lesquels figurent les textes en langues négro-africaines non inédits traduits en ce volume.

Nota. — Le numéro en chiffres romains qui précède l'énoncé de chaque ouvrage est celui qui sert à représenter ce dernier dans les références indiquées au cours du volume.

I. L. Arensdorff. *Manuel pratique de langue peulh.* Paris, 1913, in-18.

II. Abbé Boilat. *Grammaire de la langue woloffe.* Paris, 1858, in-8.

III. M. Brévié. *A propos d'une chanson bambara,* in *Annuaire et mémoires du Comité d'études historiques et scientifiques de l'Afrique Occidentale Française* (1917). Gorée, 1918, in-8.

IV. Père Joseph Brun. *Recueil de fables et de chants en dialecte hal-poular,* in *Anthropos* (1919-1920, fasc. 1-2-3).

V. Cap. Charlton. *A Hausa reading book.* Oxford, 1908, in-12.

VI. Père de Clercq. *Grammaire du Kiyombe.* Bruxelles, 1921, in-8.

VII. Congrégation du St-Esprit (Un père de la —). *Essai de grammaire malinkée.* St-Michel-en-Priziac, 1896, in-8.

VIII. M. DELAFOSSE. *Manuel dahoméen.* Paris, 1894, in-18.

IX. Le même. *Essai de manuel de la langue agni.* Paris, 1900, in-8.

X. Le même. *Haut-Sénégal-Niger (Soudan Français) : le pays, les peuples, les langues ; l'histoire ; les civilisations.* Tome I. Paris, 1912, in-8.

XI. A. VON DUISBURG. *Grundriss der Kanuri-Sprache.* Berlin, 1913, in-8.

XII. F. FROGER. *Etude sur la langue des Mossi.* Paris, 1910, in-8.

XIII. H. GADEN. *Note sur le dialecte foul parlé par les Foulbé du Baguirmi.* Paris, 1908, in-8. (Extrait du *Journal Asiatique*, janv.-févr. 1908.)

XIV. Le même. *Essai de grammaire de la langue baguirmienne.* Paris, 1909, in-8.

XV. Le même. *Le poular : dialecte peul du Foûta Sénégalais.* Tome I. Paris, 1913, in-8.

XVI. Le même. *Un chant de guerre toucouleur,* in *Annuaire et mémoires du Comité d'études historiques et scientifiques de l'Afrique Occidentale Française* (1916). Gorée, 1916, in-8.

XVII. Pères HACQUARD et DUPUIS. *Manuel de la langue songay.* Paris, 1897, in-18.

XVIII. A. C. Hollis. *The Masai.* Oxford, 1905, in-8.

XIX. Père C. R. Lagae. *La langue des Azandé.* Vol. I. Gand, 1921, in-8.

XX. Landeroin et Tilho. *Grammaire et contes haoussas.* Paris, 1909, in-18.

XXI. F. W. H. Migeod. *The Mende language.* London, 1908, in-12.

XXII. Ch. Monteil. *Les Khassonké.* Paris, 1915, in-8.

XXIII. Rév. G. R. Nylaender. *Grammar and vocabulary of the Bullom language.* London, 1814, in-18.

XXIV. Baron Roger. *Recherches philosophiques sur la langue ouolofe.* Paris, 1829, in-8.

XXV. Rév. J. F. Schoen. *Magana Hausa.* London, 1885, in-18.

XXVI. Seidel et Struyf. *La langue congolaise.* Paris et Heidelberg, 1910, in-12.

XXVII. E. Steere. *Swahili handbook* (3d edition). London, 1883, in-12.

XXVIII. G. Thomann. *Essai de manuel de la langue néouolé.* Paris, 1905, in-8.

XXIX. N. W. Thomas. *Anthropological report on the Edo-speaking peoples of Nigeria.* Part II. London, 1910, in-8.

XXX. Le même. *Anthropological report on the Ibo-speaking peoples of Nigeria.* Part III. London, 1913, in-8.

XXXI. Le même. *Anthropological report on Sierra-Leone.* Part III. London, 1916, in-8.

XXXII. Moussa TRAVÉLÉ. *Petit dictionnaire français-bambara et bambara-français.* Paris, 1913, in-18.

XXXIII. Le même. *Proverbes et contes bambara.* Paris, 1922, in-18.

XXXIV. Père Ed. WINTZ. *Dictionnaire français-dyola et dyola-français.* Paris, 1909, in-12.

TABLE DES MATIÈRES

Introduction   7

Chap.   I. — Piété religieuse   17

Chap.   II. — Piété familiale   26

Chap.   III. — Fidélité aux tradi-
                  tions   34

Chap.   IV. — Patriotisme   37

Chap.   V. — Obéissance à l'auto-
                  rité   39

Chap.   VI. — Esprit satirique   45

Chap.   VII. — Le triomphe de la
                  ruse sur la force..   52

Chap.   VIII. — Ardeur guerrière....   59

Chap.   IX. — Les méfaits de la po-
                  lygamie   67

Chap.   X. — La malice des fem-
                  mes   76

Chap.   XI. — Amour............   84

Chap.   XII. — Amitié   89

Chap.   XIII. — Justice et vérité 100

Chap.   XIV. — Le respect de la pa-
                  role donnée...... 106

Chap.   XV. — Reconnaissance et in-
                  gratitude........ 109

Chap.   XVI. — Altruisme et pitié.. 129

CHAP. XVII. — Hospitalité et géné-
rosité 136
CHAP. XVIII. — Discrétion 143
CHAP. XIX. — Bon sens et observa-
tion............ 151
CHAP. XX. — Sagesse............ 157
CHAP. XXI. — Plaisanterie 161
CHAP. XXII. — Jeux d'esprit....... 170

LISTE BIBLIOGRAPHIQUE............. 175

ABBEVILLE. — IMPRIMERIE F. PAILLART